翻轉學

翻轉學

邊寫邊思考的
大腦整理
筆記法

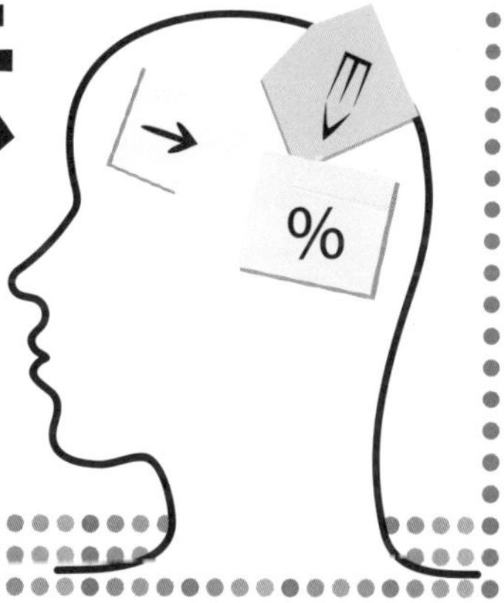

養成「書寫→思考→解決」的習慣，
增加生產力，強化學習力，
紓解壓力，心智升級！

齋藤孝 著　葉廷昭 譯

頭のよさはノートで決まる　超速脳内整理術

筆記下誕生的

寫筆記→腦袋打結→思緒暢通

+α

I 實際的筆記照片　II 筆記法的圖片　III 準備用具

腦袋打結→條列→混亂→發現規律→秩序和創意→腦袋不打結

內心（→條列）

⇨ 寫筆記的人思考階段

簡單的方式

A______

B______

C______

⇧ 只會死抄書的人該如何做筆記

⇩ 培養聰明頭腦的筆記

那麼，該做哪些事情 ——→ 在咖啡廳寫筆記

3

方法

①具體舉出哪種筆記是有用到頭腦的筆記 ——→ 明確的意義

②分析各種筆記的類型

③讀者可以馬上參考

寫書的重點

① 概念

② 重點

③ 方法

歸納三大要素來構成企劃

本書是在這樣

書籍企劃

為何寫筆記能提高生產性？
如何寫筆記頭腦才會變好？

概念

1

利用筆記法提升能力
理清頭腦和心情的筆記法

對象

二十到四十多歲上班族

2

重點

・馬上能用
・簡單
・沒有固定化模式
・能刺激頭腦的筆記法

關鍵字

・圖示化
・條列選項
・分級
・寫出方法
・優先順位
・歸納能力、重現能力
・拓展人脈
・寫下疑問、評語、感想
・寫下日期

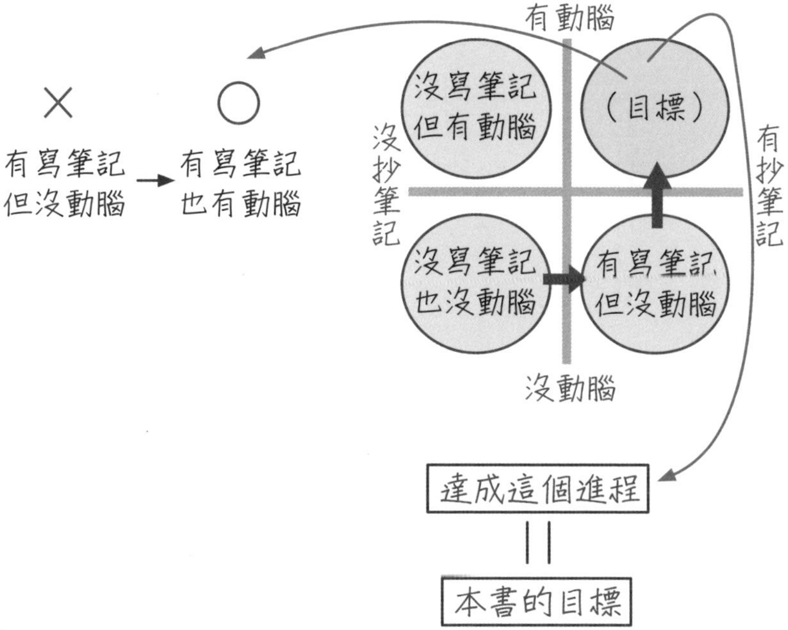

目錄

第二章・打造競爭優勢的筆記法

第三章・提升心智思維的筆記法

目錄

第五章 • 強化學習能力的筆記法

目錄

第七章・激發創意靈感的筆記法

作者序
用筆記培養解決問題的思考習慣

簡報完全整理不出重點；報告遇到瓶頸寫不出來；會議馬上就要開始了，腦袋還是一片空白……。

相信任何人都有過這種「思緒打結」的煩惱吧？我們活在一個愈來愈重視速度的社會裡，「盡快提出結論」的重要性也與日俱增。

那麼，我們該怎麼做，才能讓打結的頭腦全速運轉，並且擁有快速求得解答的思考能力呢？

答案就是本書的主題：「**大腦整理筆記法**」。

我們從小學到大學一直在抄筆記，因此大家會以為所謂的抄筆記，就是把黑板或白板上的字句照抄，或是把發言者的每句話都記錄下來。但我必須告訴各位，這是一種錯誤的筆記法。寫筆記本來並不是一種被動行為，而是更主動積極的技巧。

那麼具體來說，筆記要怎麼寫才對呢？

我常告訴大家一個觀念，**點子不是透過腦中思考，而是在筆記上思考出來的東西**。若你在腦袋思緒打結的狀態下，就算想破頭也不會有任何進展。

不如把腦海中所有的點子，逐一寫在筆記上面。寫好以後，原本在你腦海中打結的疑慮、問題與該歸納的重點，都會變得清晰明確。

接下來再加上圖示或記號，進行視覺化的作業，如此思緒的全貌就會更加立體。

也就是說，**當你把腦海中的想法寫在筆記上做歸納整理，就會形成一幅「點子地圖」，告訴你該選擇怎樣的邏輯思考迴路**。

這時你要試著把重點歸納成三個。有了「歸納三大重點」的明確目標，將會使你的思緒更加清晰，並感受到自己的創造性思維正在飛快運轉。

其中有一點要特別注意，就是「不要計較筆記寫得漂不漂亮」。如果手邊沒有筆記，使用傳單或便條紙也都沒關係。

像這種以書寫把腦海思緒轉化為文字的行為，不光是整理點子的「知性生產術」，同時也是有效的「心靈整理術」。

身為大學的教職人員，我曾替學生們解答過各式各樣的煩惱。除了聆聽和回答以外，我還會請他們先把煩惱寫出來。就跟解決思緒打結的問題一樣，我要他們先整理煩惱的內容。

等到用文字寫出來以後，他們馬上就知道自己真正的壓力所在，連煩惱的「輕重緩急」也都弄清楚了。換言之，當他們**寫出自己的煩惱**，**試著整理問題的時候，其實就已來到解決問題的階段了**。

這跟人類的本質息息相關。說出「我思故我在」這句格言的法國哲學家笛卡兒，曾在其著作方法論提到：「先列舉問題，再進行確認，這是通往真理的途徑」。

接下來我要告訴大家關於「邊寫邊思考的大腦整理筆記法」具體的訣竅，這是我實踐超過三十年的技巧，大家只要準備筆記本或紙筆就夠了。

讀完本書之後，你將會養成**「書寫↓思考↓解決」**的習慣，同時還會擁有在競爭中脫穎而出的「創造性頭腦」，以及面對壓力時絕不挫敗的「堅強心靈」，你將發現自己脫胎換骨。

前言
將重點寫在紙上來思考

我對「三」這個數字懷抱特別的感情。

遇到任何事情，我都會歸納成三點來思考，這是我思考的習慣。過去在準備大學考試的時候，我也是採用「歸納三大重點」的讀書方式，仔細想來這習慣也維持三十多年了。

其實，真正重要的關鍵可能有五到六個，當然，要採用「七大鐵則」、「十大教條」之類的歸納方式也不壞。各位不必想得太嚴肅，只要配合當下的狀況，歸納出自己需要的數量就好。

不過，最好記、好用的還是「三」這個數字，凡事歸納成三個重點，也比較容易整理出一個架構。

把重點歸納成三個再來思考，這個方式是非常重要的。

舉例來說，日本有很多上班族都聽過「報告、聯絡、商量」職場法則的重要性。我詢問過將近一千名二十多歲的年輕上班族，他們都說有聽過。正是因為重點只有三個，才會有這種深植人心的效果。如果隨便加油添醋，大概也不會這麼多人記得。

然而依照我個人的看法，「報告、聯絡、商量」這三個重點太相近了。以三足鼎立的重點來說，由於性質太相近，反而不夠穩固。

所以，我決定思考社會新鮮人應該注意的三個新重點。

我在跟大家談話的過程中，將各式各樣的點子寫在紙上，最後歸納出「積極、修正、確認」三個重點，意思是只要做到這三點就沒問題了。

某次我在商業座談會上提出同樣的問題，有一組聽眾還想出了「武、勇、傳」的口號，意思是「溫柔可靠、勇敢向前、表達能力」。

透過「歸納三大重點」的方式，小組成員的經驗得以凝聚在一起。以這個方式互相交換經驗，遠比想出三個重點更加重要。

我曾受邀到「SEVEN&I 控股」的典禮上致詞，並有幸聽到當時的會長鈴木敏文的談話，他希望新進員工做好三件事情。

「第一，不要遺忘顧客的觀點；第二，要透過溝通好好共有資訊；第三，要好好培養基礎能力。」

鈴木會長歸納出三個具體的基本課題，再以「勿忘創業精神」的主題貫串整場演說。鈴木先生不愧是世界頂尖企業的經營者，所做的重點歸納確實很有分量。他將本身龐大的經驗歸納成三點，顯然也有「歸納三大重點」的思考習慣。

總之，若能養成這種歸納習慣，就能掌握事情的本質。好好活用筆記法，將讓這種訓練更加事半功倍。

沒把要點寫在紙上，很難進行歸納統整。

我們要在腦中思考三個重點並不容易。而且關鍵在於「將大量的資訊和理解順利歸納成三點」。我認為把還沒有歸納出來的混亂思緒寫在紙上，這個動作是絕對有必要的。

「將重點寫在紙上來思考」，這就是本書的中心思想。

憑空思考而不做筆記，這樣未免太過魯莽了。請各位隨身攜帶紙筆，用書寫的方式思考。跟別人說話時，也請在過程中拿出紙筆記下重點。特別關鍵的重點則用筆圈起來，分別寫上一、二、三的標號，以此點出整場談話的三大重點。

各位若能將這個方法運用自如，就已經領先其他人一大步了。

因為這是身為領袖的特質。在溝通的過程中引導眾人的意見，歸納出三大原則。有辦法做到這一點的人，自然會成為眾人的領袖。

我在本書中會完整說明邊寫邊思考的大腦整理筆記法，請各位把筆記當成武器，養成強大的思考習慣。

對於社會人士來說，抄筆記本身並不重要。重要的是在筆記上條列重點和圖示，再歸納出三個重點。只要養成這種思考習慣，各位的頭腦絕對會聰明過人。

第一章

筆記決定頭腦好壞！

筆記能強化頭腦和心靈，提高生產力

我要極力表達一個主張：**成人才更應該做筆記**。

我認為學校教育能提供給學生最寶貴的技術，就是「筆記的技術」了。小學抄六年，中學和高中再抄六年，大學又抄四年；我們總共花了十二至十六年的時間練習怎麼做筆記。

然而，很多人畢業以後就不再做筆記了，這是一件非常可惜的事情。其實出社會以後，筆記法同樣派得上用場。不對，應該說出了社會以後，筆記法才能發揮真正的威力。

達文西在創作的時候會寫筆記；發明大王愛迪生也習慣把自己的點子寫在筆記上；其實愛因斯坦也是透過寫筆記的方式，提出震古鑠今的新發現。

寫筆記並不是偉人的專利。

我常看電視播出的搞笑綜藝節目，那些搞笑藝人都會有自己的「笑料手冊」。看到搞笑藝人堀內健的笑話似乎永遠講不完，你可能會以為那是天生的才能，其實他在自己的手冊裡寫了很多的笑料。那些笑料手冊就是他們工作上所做的「筆記」。這樣看來，在所有社會人士之中，最懂得活用筆記的族群，說不定是搞笑藝人吧！

在學校教育中，通常都有教科書和習題本，因此不寫筆記反而沒關係。面對工作這種沒有教科書的事，寫筆記才更有意義。

筆記不光是記載資訊的東西，它還能強化我們的頭腦和心靈。筆記可以幫助我們在工作中創造利益，提高生產力。

學校沒教的筆記法

從人類歷史來看，發明文字是文明的重大里程碑。過去人類有很長一段時間只用口頭言語來溝通，這完全稱不上「文明起步」。有了文字以後，知識因此得以累積，文明才開始迅速發展，人類的理解力也跟著提升。很多光靠口語無法表現的事情，改用文書就能理解了。

好比「問題明確化」或「自覺」這類的概念，沒有文字是無法產生這些概念的。人類獲得概念後，思考才有了高度。

文書賦予那些無以名狀的思維一個輪廓，使人們有辦法活用那些思維。原本隱晦不明的概念，終於因此變得清晰可見了，語言真正的威力，就存在於文書之中。

關於「聆聽和談話」的技術，只要在社會上打滾夠久，自然會學起來。不過有關「閱讀和書寫」的技術，非得認真學習不可，尤其「書寫」更需要學習。因此，我們才有所謂的「識字教育」。打從小時候學注音，一直到高中或大學畢業，學校都要求我們快速而正確地書寫文字。

我們上課時必須在筆記上寫字，考試時也得寫字，也難怪有辦法快速而正確地書寫文字了，這本身是一種很了不起的訓練技巧。

令人遺憾的是，學校教育終究仍有缺漏。基本上，一直到高中為止，我們都只有抄寫黑板的內容而已，很多人也以為寫筆記就是抄黑板。

一旦上了大學，教室課堂沒有黑板可抄，大家就忘記以往學到的筆記法。

過去曾經有本轟動一時的書籍《考上第一志願的筆記本：東大合格生筆記大公開》（東大合格生のノートはどうして美しいのか）。書中提到東大學生不只會抄黑板，他們還會用自己的方式轉化教授的語言，進行歸納與整理。我認為這是很基本的能力，這是「抄黑板」加「教授口述」的筆記形式，習慣抄下老師口頭敘述的學生，上大學後通常也很擅長寫筆記。

然而，那些過去只會抄黑板的人，在以口述為主的大學課堂上無事可做。因為教授沒有寫板書，他們就不會做筆記了。上大學本來就應該抄教授講解的內容，可惜最近不少學生只顧著乖乖聽講，若不提醒他們抄下來，就不會動筆。

許多人漸漸失去書寫能力

當我們不再抄筆記，就會逐漸失去在學生時代養成的技術。例如：失去正確迅速的書寫能力，甚至連筆都沒辦法好好拿。

依我所見，每五個大學生，就有三個不懂得拿筆。

《考上第一志願的筆記本：東大合格生筆記大公開》書中有提到，將近八成的東大合格生拿筆姿勢都很漂亮。

換句話說，每五個東大生，仍然有一個拿筆不漂亮，例如：將姆指和食指扣在一起，或是用拿湯匙的方式拿筆。

「八成」這數字已經比一般學生好很多了。過去我在東大的時候，並沒有看過拿筆姿勢特別奇怪的人，隨著時代進步，許多人漸漸失去書寫能力了。

出社會後，筆記也派得上用場

前面我們提過，東大學生會把「黑板」加「教授口述」寫得很精美。我以前就讀東大法學部的時候，曾經被同學筆記的精美程度給嚇到過。他們的筆記不只精確又漂亮，而且很有架構。

所謂的很有架構，是指**筆記就像一本書，有分章、節與細項**。如果直接寫一長串文章，很難抓出重點所在，但有明確的架構就很好抓重點了。

一開始他們先用章來做大區分，再從中歸納出小節和細項。章、節、項雖然各有標題，但統整得有條不紊，就很容易了解文意。

抄寫談話也是同樣的要領，那些同學在聆聽的階段時，思考這種結構上的優先順序，然後改變文章開頭的位置來顯示這種順位。

有些人還會把談話內容化為圖示，添加在筆記當中，我甚至覺得他們的筆記可以直接拿去當參考書賣錢。

當然，在聆聽授課的內容時，也可以先寫下談話的大概，之後再進行架構統整。不過東大生似乎不用花這樣的功夫，大多可以當場就整理好。如此高超的語言處理能力和資訊歸納能力，著實令人讚嘆。

我很常跟別人借筆記，借到的也都是那種精美的筆記。跟誰借筆記是一門重要的學問，一般來說，廣受好評的筆記都是有架構的筆記。

那些筆記有條不紊的同學，大學畢業後若當上公職或銀行員，就能把統整筆記的能力活用在製作資料上了。

現在日本的官僚給百姓的印象不好，不過以前創造高度經濟成長的高級官僚確實優秀。過去東大法學部堪稱是官僚養成機構，所以他們擅長筆記法是必然的事。打從參加國考的那一刻起，就得拿出官僚該有的能力。除了法律知識以外，還要能迅速掌握大量語言情報的要點，並在理解後提出方案。

養成「出社會也要做筆記」的觀念

東大的入學考試安排也很巧妙，例如：國語有很多申論題，或是標出一段難解的文章，請考生簡單扼要地做出說明。能用具體而簡單的文字解釋難度極高的文章，才代表真正理解文章的內容。

數學考試並不是單純要人羅列公式而已，「用國語去解釋公式原理」也包含在內，社會科考試更是以申論題為主。填空或回答關鍵字之類的問題是在考記憶力沒錯，但東大入學考更重視語言和情報的處理能力。

的確，筆記做得漂亮會拿到比較好的成績，但這不代表工作能力優異，讀書厲害和工作厲害不見得能畫上等號。商業行為尤其如此，一個人若沒有獨特的敏銳度，很難賺到大錢。

不過，大多數的工作是「在期限內處理好」就夠了。在組織裡找到自己擅長的領域，按部就班地處理工作，並歸納出一套有系統的方法非常重要。

換句話說，筆記在出社會以後還是派得上用場。

有沒有這樣的觀念，將產生非常大的差異。

姑且**不論技術的高低，最重要的是要先養成「出社會也必須做筆記」這個觀念**。

「抄」筆記和「做」筆記的不同層次

如果只是傻傻地抄筆記，頭腦並不會因此變好，你得用更積極的方式做筆記才行。

首先，**做筆記時需要運用「積極」意識**。

抄寫筆記的心態是有分層次的。

舉例來說，我常在開始演講二十分鐘後，要求大家把演講內容歸納成三

賦予筆記架構，增強你的理解力！

春季商品的銷售戰略

章

1. 新商品概要

1-1 新商品投入背景

- 去年試水溫成效不錯，詢問度非常高
- 培養成本公司的主力商品
  培養成第二大商品
  不同季節主打不同商品概念

1-2 新商品特徵

- 容易上癮
  刺激性強，一試就上癮
- 增加種類
  增加商品種類，確保市占率
  滿足不同客層的需求

節

1-3 目標

- 比去年成長 150% 以上
- 目標達成後，推出夏季新商品再接再厲

2. 新商品的銷售戰略

2-1 促銷宣傳活動

- 和連鎖便利商店共同合作
  在關東地區舉辦試吃會——在 23 區的 10 間店鋪舉辦

項

✓中午和下午，一天舉辦兩次
✓中午目標客群是家庭主婦和老人，傍晚是學生和上班族
- 中午陳列適合全家人的商品
- 傍晚陳列特殊商品

分鐘版本重述一遍，幾乎所有聽講者都辦不到。只有在事前要求聽眾邊聽邊抄筆記，他們才會照辦。然而，就算是看著筆記簡短地重述一遍，大多數人還是講得不知所云，最後中途放棄。

聆聽演講吸收資訊是好事，但也得活用那些資訊才有意義。假如聽完演講後只是稍微留下一點印象，那麼有聽跟沒聽是一樣的。在必要時有辦法重述內容，這才是關鍵所在。

聆聽別人講話的時候，你必須抱著「**自己是下一個發言者**」的心態來抄筆記，否則是絕對不可能重述內容的，而這就是「被動抄筆記」和「積極做筆記」的差別。由於心態不同，吸收率也會完全不一樣。當人處於「自己也必須開口」的迫切情況下，才會積極去做筆記。

只是被動抄筆記的話，頭腦並不會變好。既然決定要邊聽邊做筆記，就抱著必須重述一遍的心態來寫。把你寫過的內容說給兩個好朋友聽也是不錯的方法，**以這種「準備說給人聽」的心態做筆記，你會發現自己的理解力和**

記憶力有飛躍性的進展。

第二，若對方談話的內容和本身的經驗相關，也請你把它寫下來。假設談話的內容是魚網，請想像你是用那張魚網，在經驗的大海中撈出魚來。然後具體寫下自己也曾有過的類似經歷，或是以前聽過類似的話題。

簡言之，就是把「**客觀資訊**」和「**主觀資訊**」都寫在筆記上面。由於同時要寫下兩種資訊，還不習慣的人會稍感困難。但進行困難的訓練，你的頭腦才會變聰明。

所謂「頭腦好」，是指掌握文章脈絡的能力，還有掌握現實意義的能力。有本事依循文章脈絡，具體說明一件抽象的事情，這是非常重要的能力。所以要養成使用具體事例說明的習慣，而且要能瞬間聯想到相關的資訊。

這樣的訓練可以透過做筆記進行，因此做筆記會讓你變聰明。

只抄筆記會把資料當耳邊風

有些人很認真地抄了一大堆筆記，但讀書與工作能力卻始終沒有進步。其實，抄筆記不是花愈多時間就愈好，因此有時你可能只是在浪費時間。

我在大學時代曾花好幾個月的時間，抄寫厚重的憲法和刑法教材。這是相當失敗的方法，到頭來我乾脆放棄抄筆記，直接拿著教材準備考試。在教材的空白處寫上要點，反而比筆記還好用。

當然，手寫抄書的確有增強記憶的功效，但這麼做太沒有效率了。如果有一份好教材，就直接拿三色筆在上面做筆記；或是把目錄放大影印，在當中寫下重點也行，我一直到後來才發現有這些好方法。

笨蛋才忙著死抄書，而我也幹過同樣的蠢事。愈認真的人愈容易犯下這種錯誤，把心力耗在呆板的作業上。

這種呆板的作業其實是一塊「遮羞布」。

本來我們努力的目標是為了追求進步，而忙於呆板作業的人只是在逃避自己沒有進步的問題罷了。周圍的人會稱讚他們努力，他們也可以為自己的不進步找藉口。

人的「大腦」在進行呆板作業時會缺乏企圖心，要說它是膽小保守也行，但這種態度不可取，只會浪費自己的眼睛和手，把資訊當成耳邊風。**想要變聰明，就必須動腦看穿事物的程序與結構，並重新進行統整。**

不管是數學或英文，都要看穿當中的架構，多多吸收各種問題的類型。例如：平面圖形的問題，大致有幾個典型的題目類型，解題也有「既定的程序」，這些都要整理好並寫進筆記裡。

一旦有這些庫存的訣竅，遇到問題時將比較能冷靜以對。就算是複雜的問題，也能用組合式的程序來拆解。當我們有掌握訣竅的信心，考試就不會手足無措了。

工作也是同樣的道理，先蒐羅一些處理工作的程序或訣竅，在現實中遇到難解的問題也比較能冷靜解決。

抱頭思考不是真正的思考，動筆寫才是

我一直教導我的學生，動手寫字跟思考是同一回事。舉例來說，當我提出某個課題要他們好好思考的時候，大部分人都是抬起頭來思考。這時我會說，**抬起頭來憑空思考算不上真正的思考，要寫在紙上才算數**。不論是寫成條例或畫圖都沒關係，要盡量寫出自己的想法，一旦手停下來，就代表思考也停頓了。

當然，這是比較極端的說法，但我不並認為自己說錯了。憑空思考根本想不出頭緒，思路也很難有進展。發愣或抱頭苦思都算不上「思考」。

某天，我在《文藝春秋》雜誌的廣告欄上，看到一篇跟紙筆有關的文章。

作者藤原正彥是御茶水女子大學名譽教授，同時也是一位數學家，文章的內容是這樣的：「任何學校的數學科，都有放置一百張左右的紙束，我們稱為便條。研究數學的人會用那些紙來進行計算，或是寫下各種點子。沒有便條，我們就沒辦法工作。」

聽到「數學家」這個頭銜，一般人都以為他們是用電腦進行高度的演算工作，沒想到竟然是寫在紙上計算。藤原正彥還是一位文學家，他的文章草稿也是寫在紙上。數學和文學這兩門學問看似南轅北轍，但同樣都是在紙上思考的。我認為這一點也闡明了書寫的本質。

只要有紙筆，不管走到哪裡都能工作，擁有這樣的頭腦才是關鍵。如果沒有紙筆，就無法明確整理出腦中的想法，便條是拿來書寫的紙張，也算是一種筆記。

不用紙筆思考的話，我的思緒也會亂成一團，最後乾脆放棄思考。**不把想法寫成文字，思緒就不會有任何進展。**

要想出好點子就必須持續思考，**書寫是避免思緒混亂的唯一方法**。把想法寫成文字後，頭腦就會變得愈來愈清晰，書寫出來的文字會刺激你的思緒，讓你的思考更上一層樓。

我一直覺得很奇怪，書寫等同於思考，但為什麼大家都不願意書寫呢？

把筆記「技巧化」，就是養成紙上思考的習慣

近年來，筆記重新獲得商務人士的重視。現今已經有各式各樣方便的工具可用，我們都以為用了之後腦筋會變好，但根本沒有任何改變。相信大家也開始發現，有了工具以後，反而讓自己變得很少動腦，對吧！

比方說，我們能用電腦軟體畫出漂亮的圖形，我也很佩服這些工具帶來的便利和美觀。但做出來的資料就算再厲害，也不代表工作能力高超，這跟

工作上的判斷力毫無關係。

說穿了，我們能拿來決勝的武器其實不多。

於是有些人打算回歸基本面，像《論語》這類的古籍又重新受到矚目，恐怕也是因為這波浪潮的緣故吧！大家終於發現筆記的功用了，這真是一件可喜的事情。

不過，大多數人只在意筆記的形式，對做筆記的觀念很古板。其實可以自由一點也沒關係，畢竟太過執著於外在形式，就無法照見本質。

重點是「能否在紙上思考」。容我說句極端一點的話，只要有紙筆在手就足夠了。

然而，將筆記做在零散的紙張上，將容易散落遺失，所以一開始寫在筆記本上是比較合理的做法。等到養成在紙上思考的習慣，你會感覺沒有筆記本在手就渾身不對勁。這正是思考的「技巧化」。

所謂的「技巧化」，是指透過反覆練習學成某項技藝，並將之內化成一套有系統的方法。只要看一個人有沒有寫筆記的習慣，就知道他有沒有把思考「技巧化」了。

當然，這並不是要人動不動就抄筆記，不過在想到好主意時如果沒立刻寫下來，通常都會轉眼即逝。思考的成果若不寫成文字，連本人都不會察覺到那些成果。

所以，假如別人問你現在正在想什麼，你要有筆記在手，才有辦法具體說出自己的想法與歸納出來的重點。

電腦再便利也無法成為你的腦

現在有手機和電腦等便利工具，大家也愈來愈少寫字了。由於電腦會自動把拼音轉換成漢字，很多人都因此忘了漢字要怎麼寫，我認為這可是一大

筆記法有三種層級

抄書 中學生和高中生水準

・照抄老師寫在黑板上的內容

架構化 東大生水準

・黑板內容加上教授的口述要點
・有條不紊，一目了然
・先寫個大概，之後再整理也沒關係

技巧化 高手水準

・重要的事情馬上寫下來
・歸納出三大重點
・寫下客觀資訊與主觀資訊（評論、感想）

商務人士要以此為目標！

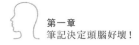

問題。

不會寫漢字，就很難具體思考抽象的事物。因為漢字原本就是用來表達「抽象」概念，屬於一種非常精巧的文字系統。

只會用口語化的文章傳簡訊，而不懂得怎麼寫漢字，這樣的人頭腦是不會變好的。

正如我前面已說過的，文書中隱含著語言真正的威力。不擅長寫文書的人，也不會擅長具體思考抽象的事物。

書寫能力低落，即是意味著思考能力低落。

有人可能會認為，使用電腦記錄各種點子、問題與策略不就得了嗎？但我還是建議各位手寫。因為手寫是很自由的，可以在紙上任意發揮，寫左邊或右邊都無所謂；要用線條連接文字還是圖文並茂，都隨個人高興。

而且**動手寫字有活化大腦的效果**。

《考上第一志願的筆記本：東大合格生筆記大公開》這本書刊載了一項

調查報告。

研究是讓學生在上課時以三種不同方式抄筆記，分別是「寫下黑板內容並口述」、「只寫下黑板內容」、「用電腦打出黑板內容並口述」，然後個別調查大腦的狀態。結果他們發現，學生在「寫下黑板內容並口述」的時候大腦最為活躍。

其次是「只寫下黑板內容」，至於「用電腦打出黑板內容並口述」則是大腦最不活躍的時候。我能理解為什麼會這樣，而且還有一個結果沒有歸入剛才的實驗中，若只用電腦打出黑板內容，大腦會更沒反應。

手寫才能學習思考

手寫對大腦的負擔遠比打字來得大。因為我們必須自行決定文字的配置方法。要先理解對話的內容，經過統整以後才寫得出來。

電腦打字只是把眼睛看到的資訊傳遞到手上然後打出來，並沒有真的經過大腦思考。

鍵盤和打出來的文字是分離的，我們腦海的東西和螢幕上出現的東西並不一樣。用電腦打字很容易專注在「單調的作業」上，只是把接收到的文字照實打出來而已。

同理，速寫者雖然是用手寫，但其目的純粹是迅速地記下對話，並沒有認真去理解對話的內容，而是將注意力都集中在正確記錄對話上面。速寫技術對於記錄確實有幫助，但問題是沒有活化大腦的功效，相信各位只要想一想都能理解才對。

不過電腦用來整理或保存資料確實很方便，而在寫長篇文章時也是用電腦比較好。因為用手寫方式撰寫書本的原稿，修正起來極為不便。另外，電腦也很適合進行大量演算，或是協助把數據做成圖表。但如果因此把電腦當成自己的腦，這是一種很可怕的錯覺。

很多人只滿足於複製和蒐集資料，還以為這樣自己的頭腦會變好。但這就像是你買了一組頂級的高爾夫球用具，不代表可以因此成為高爾夫球運動員；電腦無法成為我們的腦。

真要進行創造性的思考時，不必用到電腦。如果你的工作需要仰賴判斷力，請透過書寫來學習思考。

筆記意外的功能：強化心理素質

寫筆記對心靈保健也有幫助，各位也許會覺得很意外吧！

曾經有位二十多歲的年輕人跟我說他討厭上班，我就請他逐一寫下討厭的原因。當他把那些不滿寫出來以後，情緒就比之前好多了。

人類難以忍受的是「未知的不安」。當你寫出心中的不安，了解不安的真正原因後，就會覺得其實也沒什麼大不了的。

把心中的負面情緒寫在紙上，這是一種很有建設性的方式。你的**心情會如釋重負，恢復繼續向前走的動力**。

如果你只是參加一些心靈座談會，抄下講師的教誨，這樣稱不上有建設性，你必須真誠面對自己才行。

最近有不少人會寫部落格或臉書，至於過去則流行不公開的日記。日記也是一種筆記，當人在生活中安排一段自我反省的時間，心靈就會趨於平靜。這是很重要的心靈保健作業。

日記本來就是自己寫、自己閱讀的東西，可以發掘出真正的自我。閱讀自己寫下的文章，也能客觀地審視自己。

想要有成功的人生和職涯，自我肯定感和客觀視野缺一不可。

若只有客觀視野，很難擁有企圖心和自信，到頭來會失去幹勁和衝勁。

反之，只有自我肯定感也是一大問題，二十多歲年輕人缺乏客觀視野還無所謂，但如果一直這樣下去，年紀愈大看起來會愈笨。

寫筆記可以同時發揮自我肯定感和客觀視野。當你面對筆記本，就會用客觀視野來看事情，進而產生自我肯定感。

請用筆記強化自己的心理素質吧！

第二章

打造競爭優勢的筆記法

筆記讓你成為狩獵型商務人士

第一章有談到何謂「精美的筆記」，迅速寫出漂亮的文字，是我們在學生時代培養出來的技巧。不過，商務人士寫筆記可不必管文字漂不漂亮。

商務人士寫筆記的重點不在外觀，不用像東大學生的筆記一樣精美。像我的筆記就寫得很潦草，其實文字凌亂也無關緊要。提筆書寫的動作與書寫的內容才是關鍵。

如果是準備考試，需要提取語言資訊來獲得解答，那麼文字漂亮是有幫助的，畢竟沒人會想反覆觀看凌亂的筆記。

可是，在職場上光是提取語言資訊並沒有意義。利益是來自創意，職場中真正重要的是「有創造力的頭腦」。

以我個人來說，在發揮創造力的時候並無法寫出漂亮的筆記。寫得雜亂一點能讓大腦放鬆，反而有助於發揮創意。我想這點每個人都不一樣，也很難說哪一種比較好，但總之把美觀擺在第一位是沒意義的事。寫出美觀、漂亮的筆記比較像是在「讀書」，那種筆記是把老師說的話給記錄下來，之後再拿出來觀看。

求學時期這樣就夠了，但出社會之後沒人會逐一教導你應該做什麼。只是把別人說過的話漂亮地抄下來，無法幫助你掌握在商場上必要的攻擊性。我認為商業活動其實是狩獵活動。

簡單來說，商業活動有分「狩獵型」和「農業型」兩種。

所謂的「農業型」，就是把每項例行公事做好就夠了。例如：操作收銀機輸入正確的金額，或是負責傳遞客戶訂單這類的工作。這種農業型工作都已變成兼職或派遣的工作了，**未來商務人士需要從事狩獵型工作，才有辦法當上正職員工**。

狩獵需要攻擊性，必須積極地尋找獵物才行。

我滿常搭計程車的，但其實就連「計程車司機」這種工作重複性較高的職業，也有相當不一樣的水平差異。有些司機知道快速的捷徑，打招呼和溝通的應對進退也很得體；有些司機則是連市中心地標在哪裡都不知道。

幫你獲得領悟和巧思的工具

如果計程車司機只想著每天有客人就好，生意一定會愈來愈難做。首先，會因為風評不好影響到收入；其次，這樣子工作也感受不到樂趣。

每天追求成長的人懂得發揮各種巧思，例如：動腦尋找捷徑、發揮自己的創意、增加溝通的技巧等。這些小小的努力會帶來極大的差異。

有些人可能以為創意是忽然想到的，事實上並非如此。各種小小的領悟和巧思，會逐漸累積成所謂的創意。

棒球選手鈴木一朗曾說過，做好每一件小事，才是通往成功的唯一途徑，這句話與經商有異曲同工之妙。

通往成功的唯一途徑，就是不斷累積小小的領悟和巧思。當你有了這樣的想法，就會需要一個幫助你累積領悟和巧思的工具，而最適當的工具當然就是「筆記」了。

用親筆書寫的方式，寫下你想要掌握的重點。最終，筆記會持續累積你的各種領悟和巧思。凡是優秀的人，都有勤做記錄的習慣。

對商務人士來說，寫筆記有以下幾種好處：

1. 寫「積極筆記」產生企圖心，提升吸收資訊的能力
2. 「偷學筆記」增進工作能力
3. 「反省筆記」發現問題
4. 「糾正筆記」提升工作能力
5. 「餘溫筆記」有效活用時間
6. 「目標筆記」讓你順利達標

我就依序來說明這些優點好了。

優點一：寫「積極筆記」產生企圖心，提升吸收資訊的能力

企圖心的有無，會影響一個人吸收資訊的速度。不過想經常保持高度企圖心並不是容易的事，而寫筆記可以讓人很自然地保持企圖心。

當你處在特殊情境下，自然會產生出「相應的態度」，不論外在或內在都是如此。換言之，**寫筆記會使你進入充滿企圖心的狀態**。

舉例來說，我在專心寫作的時候，身旁會擺滿跟書寫作品主題有關的書籍，刻意營造一個狹小的空間，又稱為「駕駛艙感覺」，是一種專心寫作時的「態度」。也就是說，若能刻意營造出你需要的環境，就能很自然地融入那樣的情緒中。

同理，要表現出積極參與對方談話的「態度」，寫筆記正是最好的辦法。寫筆記會自然產生積極參與的態度。

我們聆聽別人談話的態度，若從非常被動到非常主動分十個層級，在日常會話大都是被動聆聽，層級頂多就一到五罷了，這是沒有認真的層級；然而一旦開始寫筆記，層級就會上升到六或七左右。就連那些只想打瞌睡、完全不在狀況內的人，在寫筆記時也會一口氣上升到六。本來缺乏企圖心的人，會因為寫筆記而自動產生企圖心。

所以，如果希望別人專心聽你講話，最有效的方法就是讓他們寫筆記。

筆記可以連接外在和內在世界

根據我過去的經驗，有一種筆記令我印象特別深刻，就是在精神感覺很痛苦的時候，用日記的形式把自己的心情記錄下來，然後再添加電影感想或讀書心得。

電影或書籍是屬於外在的資訊，不過筆記應該記錄的不只是資訊，還要寫下自己接收這些資訊的感想。如此一來，內在世界和外在世界就會產生聯繫，而這種「聯繫」對我們來說相當重要，因為能夠因此確實感受到自己存在於世界上。

如果一個人的外在世界和內在世界沒有聯繫，會漸漸對外在世界失去興趣，在工作上可能會覺得自己不再重要，最後產生一種生無可戀的心態。

筆記可以幫我們聯繫外在世界和內在世界。

外在世界的資訊愈多，並不代表會與內在世界創造更多聯繫。

這是一個資訊過剩的時代，資訊多到我們根本消化不來，所以筆記的重要性有增無減。做筆記能促進一個人對資訊的吸收力，就好比瑜伽能提升身體的靈敏度一樣，筆記則能提升我們的感性。

在筆記上用三色筆記錄，外在資訊用藍色，自己的事用綠色。如果你找

到了資訊與自己的聯繫，就用紅色寫起來。這樣即可提高內在的吸收力。

現代人生活在資訊洪流之中，卻沒有好好活用這一套方法，也沒有將資訊技巧化。

這就好像一個人想學游泳，結果只是一直查詢游泳的方法。被資訊牽著鼻子走，它也不會因此變成你的東西，等到真正跳進水裡，才發現自己根本不會游泳。

那麼，是不是一開始直接跳進水裡就行了呢？這也未必。事先了解理論再入水會更有效率，你必須在獲得資訊的同時主動嘗試，才有辦法將之化為自己的技巧，這也是在創造外在世界和內在世界的聯繫。

關鍵在於，資訊和心靈兩者不可偏廢。

筆記的厚度帶給你自信

寫下發自內心的話，雖然寫在零散的紙上也沒關係，但是若能看到筆記本的厚度，可以讓你清楚感覺到自己思考的成果不斷累積。當你寫完一本又一本的筆記，那些筆記的厚度會成為你的支柱，產生一種重新建構自我認知的感覺，進而擁有自信。

筆記的厚度是一個人的武器，所以就算有許多筆記已經用不到了，我也不會把它們丟掉。

以前某次我的電腦壞掉，裡面的資料統統不見了，裡面記錄的內容相當於好幾本筆記的分量，我雖然覺得很可惜，奇怪的是所受的打擊並沒有失去筆記本來得大，因為筆記本裡飽含我的心血。

世界知名的足球教練荷西・穆里尼奧（José Mourinho），過去只是一位沒沒無聞的選手，為什麼他有本事能成為世界頂尖的教練呢？沒錯，答案就在於「筆記」。

穆里尼奧休假的時候（也就是沒有工作時），都在製作訓練檔案。他在傳記中分享：「我稱為『訓練檔案』，裡面有我全部的工作內容。包括練習目的和指導方法，也就是有明確指出要達成什麼目的，就要從事什麼樣的訓練。我把自己的想法有系統地記錄在檔案中，如果要替我的檔案取名字，應該就叫『我的訓練概念進化論』吧！」

從以前擔任選手時，穆里尼奧就有寫筆記的習慣了，訓練內容和自己的想法都會記下來。之後他開始擔任助理教練，每天也是勤做記錄。將這些記錄歸納、統整後，就是訓練檔案了。

「當我完成檔案，就知道自己準備好當教練了。」

檔案成了穆里尼奧的財產和依靠。

按常理思考，沒沒無聞的選手當上教練，通常不太會有信心指導選手。不過穆里尼奧有訓練檔案，而選手知道教練充滿自信，自然願意乖乖接受指導，這樣訓練起來才有效果，也會產生良性循環。

大家都說穆里尼奧很有自信，而他的信心就是來自於訓練檔案。筆記的厚度是思考成果的累積，當你看到厚厚的筆記，就會有一種自己努力不落人後的自信，因這份自信而衍生的思維才具有說服力。

優點二：「偷學筆記」增進工作能力

觀察沒有文字可循的事物，並試圖理解當中的架構，這又稱為「偷學技巧」。秉持著偷學技巧的心態工作，成長會更加快速。

凡事都要別人指導的人，很難擁有偷學技巧的企圖心，如果你覺得讀書是等別人來教你東西，那也不會有偷學技巧的企圖心。在音樂或體育的世界裡，後輩會想偷學實力高超前輩的技巧。然而，他們幾乎沒有人寫筆記，都是憑感覺依樣畫葫蘆。

換言之，許多人讀書時抄筆記純粹是先寫再說，沒有偷學技巧的企圖心也覺得無所謂；在技藝的世界裡，大家也沒有寫筆記的習慣。這些情形都沒有活用筆記。

現在社會到處都有資訊，人們也樂於分享資訊，因此沒有人願意偷學技巧了，在這種情況下要是有人願意偷學，他的前途絕對不可限量。這就好像一隻肉食野獸，跑進乖巧的羊群中大快朵頤一樣。一個人不斷吸收各式各樣的技巧，成長速度必定十分驚人，搞不好在眾人眼中會成為一大威脅。

我個人是不太喜歡這種貪婪的形象，因此都用「靜謐的肉食野獸」來形容，我希望各位能靠著做筆記成為靜謐的肉食野獸。

任何事情都講技巧，技巧是一種隱密的知識，而將知識化為文字吸收是有意義的。

在職場上要主動學習，不要等待別人來教你。請觀察工作能力優秀的人，並把隱密的訣竅給記錄下來吧！

所謂的偷學技巧，並不是指「剽竊」的意思，而是把一切資訊轉化為自己的領悟。號稱「偷學天才」的畢卡索就是這樣成功的。

畢卡索原本只是沒沒無聞的畫家，但他會把各種領悟化為自己的養分，每當只要看到有趣的素材，就深信自己一定能用那些素材創造出更棒的作品。他持續偷學技巧，將各式各樣的技巧重新整合，終於發展出自己的特色。

日本自古以來就不認為偷學是壞事。因為有些技藝並無法靠語言傳授，所以要用觀察的方式偷學，不會這套方法的人通常難成大器，這種教育方法也曾盛極一時。

偷學技巧後，安排自己的訓練菜單

如果你想知道為什麼有些人工作能力特別強，請觀察他們的工作方式並記錄下來。等你掌握了技巧的筆記方法，就會寫出類似「訓練檔案」的東西來增強自己的工作能力了。

用自己的語言把別人的經驗記錄下來，自然能養成偷學技巧的觀點。你可以安排一份類似訓練菜單的東西，按部就班跟上所景仰的對象。

自己安排的訓練菜單不見得會是最好，但沒有關係，只要養成偷學技巧的觀點，就一定會有所長進。

在安排訓練菜單的過程中，你的方法會慢慢與效法的對象漸行漸遠，形成一套專屬於自己的方法，這便是工作上的「特色」。倘若你有想要效法的對象，這方法絕對派得上用場。

想要掌握自己的工作特色，請先在筆記上記錄各種優秀人才的技巧，然後為自己安排訓練菜單來學習。

我之所以會注意到這一點，是因為在擔任運動社團的教練時，發現製作訓練菜單的筆記非常有幫助。身為教練，我必須安排練習內容，因此會在筆記上開出清單。有一天，我察覺這個道理也能應用在工作上。

職場上沒有人會把一切都教給你，你要觀察那些能幹的人並偷學他們的技巧，進步的速度才會快。同理，找出你該做的訓練菜單並確實完成訓練內容，自然就會進步了。

只要融合「偷學技巧」和「自行安排訓練菜單」這兩個重點，你會進步得非常快。

優點三：「反省筆記」發現問題

記得以前讀小學的時候，我們放學後有規定一段寫筆記的時間，要把當天發生的事情和感想寫出來交給老師。

其實社會人士也應該在下班後寫筆記。這樣做雖然感覺有點孩子氣，但每天寫下反省筆記是很有效果的。

一個人想要減少失誤，就必須先對本身的問題有自覺，並且矯正錯誤的習慣來避免失誤。而最有效的方法是客觀寫下失誤的原因和對策，當然，這不是要你反省自己的人格。既然工作本來就是要持續修正、精進，那麼每天反省可改進之處，應該也不是太大的負擔才對。

至於寫**反省筆記的時間**，我認為花個**五分鐘就足夠了**。每天減少一點處理業務的時間用來寫筆記，對工作會更有效果。

假設某位職員講電話的方式不對，大家都覺得他那樣講電話不好，但通常沒有人願意主動提醒，這是生活中常發生的事情。

如果能夠安排一段反省的時間，就能當成工作業務的一環去提醒對方了。當這個人想不出反省筆記該寫什麼的時候，也許會問旁人有沒有什麼建議。這時其他人就可以提出意見，告訴他講電話的方式不太好。

「那時候你跟客戶講電話，語氣是不是太隨便了一點呢？」

「咦，我有嗎？」

當事人自己沒察覺的失誤，旁人也能藉著這個機會提醒，又不會被當成人身攻擊。所謂「反省」，不一定要搞得痛徹心扉、悔不當初，其實當作是自我反思就好。

在日本，人們通常有什麼壞事都不好意思說出口，例如：同事接電話的方法不得體，基本上並不會主動提醒對方，大家都希望對方能自己開竅，這種態度與行為根本就是在浪費時間。

日本產品從一九六〇年代起品質大幅提升，其中「品質管理活動」功不可沒。製造業第一線的員工會組成團體，彼此積極對話，以追求完全無瑕疵品的目標。這並不是誰叫他們要那樣做，而是員工自發性地安排對話時間，並因此自行找出失敗的事實和原因，降低了失誤率。

我認為在一般工作業務中，都應該安排這種議論時間。

每個人都整理問題，將內容記錄在筆記上。如此一來，即可分清整體和個人的課題了。

況且，比起「課題明確的事」，人們更討厭的是那些「不明確的問題」，例如：莫名其妙被當成無能的人、找不到跟同事相處的辦法等。

把課題寫在紙上，如果知道問題的解決之道就公布出來。例如：在電話旁邊貼一張告示，提醒大家注意溝通語氣。

周圍的人通常也願意善待那些努力改進的人，其實，讓大家生氣的原因並不是「失誤」，而是「知錯不改」。就算是資質魯鈍的人，只要有心改進，也不會被上司討厭。

優點四：「糾正筆記」提升工作能力

失誤發生是無可奈何的事，而失敗是幫助我們快速成長的契機。關鍵在於盡量壓低失敗的損害，並且以後不要再犯。

然而，職場上經常有小失誤漸漸惡化成大麻煩的狀況。問題惡化的原因在於拒絕溝通，或是不肯老實說出現況，沒有公開資訊。

如果我們不與人交心，那麼小問題就有可能變成大問題。當然，向別人坦承自己的問題的確很痛苦，對時下二十多歲的年輕人來說更是如此，我看現在的學生也很不習慣被糾正缺失。精神上無法承受指責的人愈來愈多，害怕自己的缺失被糾正，遇到問題就更不敢開口。

我在大學課堂上會請學生分成四人一組，讓他們互相批評。其中一個人報告時，其他三人要指出他的缺失，例如：報告的聲音太小、眼神亂飄等。起初大家都不好意思開口，被糾正的一方也會感覺那是人身攻擊。不過他們久而久之就習慣了，因為知道別人並沒有惡意，純粹是點出事實罷了。這種互相糾正缺失的方法，能幫助他們快速成長。

而且**在筆記上點出缺失，會讓人更容易接受自己的問題所在。因為書寫**

的文字具有客觀性，看起來像是必須改進的課題，而不是嚴厲的批評。

用筆記本做為緩衝的媒介，我們會更容易接受逆耳的忠言。而且向別人敞開心扉不只有防止問題惡化的效果，也能幫助自己成長。

能對別人打開心房

參加教育實習的學生，每天都必須寫下反省要點，再交給指導的老師來評論。反覆不斷地反省和評論，會形成一種溝通交流。只需短短兩、三個禮拜，學生就會有驚人的成長，與之前相比判若兩人。

當然，到現場實際執教的經驗是學生們進步的一大因素，不過寫筆記的效果也很顯著。每天用筆記反省自己的問題，並從指導老師身上獲得建議，隔天再加以活用。透過不斷精益求精，學生會感覺到自己每天都在進步，這種「實習筆記」無疑是一大瑰寶。

筆記具有讓人敞開心胸的效果，這也是一大優點。

優點五：「餘溫筆記」有效活用時間

現代人十分忙碌，時間管理是大家都很關心的課題。時間是唯一公平賦予眾人的資產，沒有人能增加一天的時間；然而，我們可以提升時間的密度，也就是善用轉眼即逝的時光。能否有效運用每天的時間，將對個人成就產生很大的差異。

善用時間的方法和做筆記相當搭調。

有時候我們生活中會有五至十分鐘的空檔，這段時間該拿來做什麼呢？很多人會選擇玩手機，或是找朋友聊天。這些都不是壞事，不過從善用時間的角度來看，運用是好或壞，應該要看空檔的性質。

例如：你在家剛洗完澡，這段空檔不會想用來工作，像這種時間就很適合與人聊天溝通。然而，在傍晚時分或是下班剛回家，這時可能還處於工作模式，就應該好好發洩一下剩餘的工作熱忱。若無視自己處於工作模式的事實，淨做一些無關緊要的事，就會浪費這些工作熱忱。

當我們專注處理某件事時，那股熱忱不會太快消散，而利用剩餘的熱忱再稍微努力一下，就是「餘溫工作術」，趁這種時候把今天的領悟寫在筆記本上，你的實力會慢慢進步。若是等到餘溫散去，我們的記憶也會變模糊，要重新喚回反而更耗心力。

因此，**趁工作結束還有熱忱的時候，趕緊花十分鐘做筆記吧！**寫下領悟固然很重要，但就算沒有領悟也可以先打開筆記本。若能養成這樣的習慣，之後你一看到筆記本，就會開始統整自己的工作了。

優點六：「目標筆記」讓你順利達標

詳細設定目標是一件很重要的事，例如：今天的目標、一週的目標、一個月的目標、一年的目標……不一定每項都要達成，隨機應變去更新自己的目標也沒關係。

關鍵在於「設定目標」本身，因為**有目標才有明確的課題**，我們也會因**此知道自己進步的程度，而且這與提升幹勁也有關係**。

設定好目標後，接著是列出一系列達成目標的方法。

例如：普通上班族設定「每天五點準時下班」這個目標。當然，以此做為目標究竟妥不妥當，可能仍有待商榷，不過考量到生活的優先順序，早點完成工作去從事自己的興趣，這也未嘗不可。可能有些人為了追求夢想，下班後還要去兼差。

如果想達成早點下班的目標，最好先在筆記本寫下「早點下班又不顧人怨的方法」。舉例來說，在下班前一小時，詢問看看周圍的人，是否有工作需要幫忙處理，這就是一個好辦法。如果有人拜託你幫忙，就趕在一小時內把它給做完。

完成工作的人早早離開，其他人自然也沒資格抱怨，下班時間一到，直接瀟灑走人就好。現在加班已不再被視為良好文化，即使早點走也不需要怕被刁難。站在經營者的立場來看，人事費用其實是最大的經營成本，有本事在時限內完成工作的員工比較能幹。

順帶一提，我經常工作到半夜兩、三點，出版社或電視台也經常把工作行程排到半夜一、兩點。

在書籍大量出版的時候，半夜十二點開會也是經常有的事。由於養成了這樣的工作習慣，因此我在下午五點結束工作之後，還能有餘力再去處理其他的工作。

現在的我已經沒這麼拚命了，不過因為以前曾經歷過沒有工作的恐懼，

逐一列出達成目標的辦法！

本週的目標　　○月△日

每天五點準時下班！

為了準時下班要做好哪些事情

- ☐ 上午做完八成的工作
- ☐ 下午三點前做完剩下的兩成
- ☐ 下午第一件事先聯絡客戶
- ☐ 下午三點後問大家需不需要幫忙
- ☐ 四點五十五分開始準備回家

所以才努力鞭策自己。我很害怕失去工作機會，也不敢拒絕任何邀約。

成為雇主以後，我才知道當一個定期領錢的上班族有多幸福。雇用員工會減少業主的淨利，而公司的營業額至少要是薪資的三至五倍，才有辦法支付員工的薪資。

現在很多人常動不動就辭職，其實能有一個安身之處好好工作賺錢，是一件相當了不起的事情。誠心建議各位透過做筆記養成高效的工作方式，以確保自己的飯碗。

確立目標後，請在筆記上整理達成目標的方法和訣竅。這樣一來，就不怕會失去安身立命的地方了。

第三章

提升心智思維的筆記法

提升心智的筆記十大守則

這一章要告訴大家做筆記的技巧，以及如何養成做筆記的習慣。如果你在長大後之就不再做筆記，請先讓自己養成做筆記的習慣。光是養成做筆記的習慣，就能讓知性與創造力有飛躍性的進展。接著再好好磨練寫筆記的技術，你將會發現筆記是最棒的工具，並從此再也離不開筆記了。

齋藤式筆記法總共有十大守則：

1. 隨身攜帶筆記，才能隨處邊寫邊思考
2. 找到自己喜歡的筆記，更容易養成習慣
3. 替筆記取名是件樂事
4. 為每頁筆記下標，刺激思考
5. 使用三色筆，提升記憶和效率

6. 畫圖，更好掌握問題
7. 歸納三大重點，溝通無礙
8. 記下日期，同時記錄心靈狀態
9. 筆記只用一本就好，構思更全面
10. 把書本筆記化，迅速吸收知識

守則一：隨身攜帶筆記，才能隨處邊寫邊思考

我在第一章曾經提過，筆記會促進我們思考的能力。因此，首先要做的事就是「隨身攜帶筆記」。

一般人嘴上總說要思考，其實很難真的動腦思考。光是在腦海裡進行模糊的思考，其實很難有什麼建設性。不妨將靈感寫成文字，我們看到明確的

文字後，比較有辦法做進一步的思考。

連自己該思考什麼問題都不知道，這是層次最低的思考狀態。倘若找出自己該思考什麼問題，思考層次就會提升。所以第一步要有自知之明，了解當下該思考的問題是什麼。

當我們把筆記本放在包包裡，一打開包包就會看到它。**隨身攜帶筆記會養成我們「尋找問題」的意識與「把想法寫下來」的習慣**。久而久之，你就會感覺「書寫等同於思考」。

女性多半是用小包包，可能會放不下筆記本，但應該也會有自己的小手冊。雖然使用小手冊代替筆記本也可以，不過小手冊的書寫空間不夠大，方便的話還是使用筆記本會比較好。筆記本寬敞的空間，能為我們帶來積極性與攻擊性。

況且書寫空間太窄，思考也容易受限，我建議至少要使用大小在 A 5 以上的筆記本。

守則二：找到自己喜歡的筆記，更容易養成習慣

找到自己喜歡的筆記，會比較容易養成做筆記的習慣。

雖然使用單調、普通的筆記本也不錯，但若能隨身攜帶自己喜歡的筆記本，就會刺激你做筆記的欲望。例如：你可能會想去咖啡廳打開筆記本。能在心情愉快的狀態下打開筆記本是十分重要的，千萬不要小看這種效果。

文具店裡有販賣各式各樣的筆記，前幾天我買了一本封面有莫札特樂譜的硬皮筆記本，由於這筆記本實在太漂亮了，我必須鼓起很大的勇氣，才敢把自己醜陋的字寫在上面。就個人來說，實在是捨不得用那麼精美的筆記本，我純粹是買來觀賞用，不過認識的一些編輯倒很喜歡用。

有些人去歐洲旅行的時候，也會買自己喜歡款式的筆記本來使用。買筆記本送給自己是挺不賴的事。當然，有了漂亮的筆記本之後，你可能還會想再買一支有特色的筆。

隨身攜帶高級的筆記或手冊也很不錯。

愛瑪士手冊不但封面是皮革，裡面的紙張也很高級，使用這種高級的手冊，你會產生一種難得花大錢買了好東西，一定要好好用完的心情。另外，若帶著厚重的手冊行走，反而會敦促自己保持心情愉快，以免身心都承受負擔。當我們在咖啡廳打開高級手冊或筆記，就會感覺自己好像變成了名流，會想展現自己寫筆記的模樣給大家看。

其實在筆記裡寫一些沒營養的內容也沒關係，好比詛咒大家都去死之類的，只要寫起來能讓你心情愉快，有達到減輕負擔的作用就好（但請小心不要被別人看到）。

去咖啡廳養成做筆記的習慣

咖啡廳和筆記本很搭調，畢竟咖啡錢都已經付了，自然會想拿一點好處回來，這種心態會讓人更用心地做筆記。

一般來說，有半小時空閒再去咖啡廳比較好，若只有十五分鐘就太匆忙了，連慢慢品嚐咖啡都有困難。偶爾我在只有十五分鐘空閒時也會去咖啡廳打開筆記本，但這種情況下就是去便宜的店。**總之，懶得寫筆記的人不妨借助咖啡廳的力量**。

我建議大家可以在下班後直接去咖啡廳，打開筆記本寫下自己的領悟、課題、該反省的要點……大部分公司都不會安排集體反省的時間，因此只好獨力完成。只要趁剛下班還有幹勁的時候寫就夠了，等回家放鬆後再來做筆記，還得浪費額外的精力。寫下反省的要點或課題，並想方設法慢慢改進，假以時日一定會進步的。

就算當天沒什麼值得寫的事情，一去咖啡廳打開筆記本，就會想寫一些東西了。不是寫工作上的內容也沒關係，可以寫下你在生活中特別在意的問題，不然寫讀書心得或從電視上看到的資訊也不錯。

另一方面，居酒屋和筆記本就不太搭調了。

之前我曾在居酒屋打開筆記本做筆記，沒想到店員竟跑來跟我說，這樣會給其他客人添麻煩。我只是寫下跟朋友談話的內容而已，也不知道是給誰添麻煩了？

但話說回來，筆記確實不適合在酒席間拿出來。畢竟在熱鬧歡騰的餐桌上拿出筆記本，未免也太掃興了。

不過在與位高權重的人談話時，把筆記本放在大腿上做記錄則是一個好方法。對方看到你認真寫筆記，講起話來心情也會特別愉快。

守則三：替筆記取名是件樂事

替自己的筆記本取個名字吧！

若只是取「工作筆記」這種名字，就有點單調無趣。稍微更進一步，取一個讓自己去注意課題的名字，例如：「工作手法筆記」、「偷學技巧筆記」、「不必想著出人頭地也會出人頭地的筆記」等。

這麼做除了會讓你去注意課題外，應該還能刺激你的幹勁！

有一本書叫《成功金鑰一〇一社長的筆記》（社長のノート），書中收錄長谷川和廣先生從二十七歲以來整整寫了四十年的筆記，並精選出對工作有幫助的關鍵字。長谷川先生為自己的筆記取名「驚嘆筆記」，凡事在工作中引起他興趣的事，全部都記錄下來。

書中還有貼出「驚嘆筆記」的照片，封面上真的有「驚嘆筆記」這幾個字。在封面寫下自己取的名字，你會覺得這是自己原創的筆記本。

為筆記取一個好名字，並持續寫下與名稱相關的要點，這樣很容易就養成寫筆記的習慣。當然，若是想寫一些跟名稱無關的內容也沒問題，不必太拘泥於形式。

替筆記取名字，寫筆記就是一件快樂的事！

守則四：為每頁筆記下標，刺激思考

筆記本每頁上方都有很大的空間，請在上方寫下你要思考的題目。為每一頁筆記下標題，你就會知道自己究竟該寫什麼。

過去我看NHK介紹名人的節目，節目中有公開王貞治以前擔任選手時所寫的筆記，其中記載了打擊的訣竅，世界知名的打者就連做筆記也不同凡響，內容非常精確、充實。

王貞治在每頁上方都有寫標題，例如：夾緊腋下的方法、揮棒的預備動作、揮棒的速度與選球方式等。此外，在標題下方還有注意要點和個人領悟，像「夾緊腋下的方法」通常不會當作一個完整題目來研究，但王貞治也會花一整頁來記錄。

寫下標題當作自己該處理的課題，自然就能寫出東西。設立一個完整的題目，也是明確點出問題所在。**做筆記的一大優點是能將問題明確化**，這也是推動我們思考的力量。

寫下技術面與精神面，讓生活更美好

如果想追求工作上的成長，一定要記住：精神面和技術面同樣重要，不可偏廢。一本筆記中有技術面和精神面的內容，就等於擁有客觀和自我肯定這兩大要素。

王貞治在筆記中如此寫：「在解決問題以前，我一定要貫徹到底，因為王貞治是個不輕言放棄的人。」這段話屬於自我肯定，而自我肯定正是工作幹勁的來源。

另外他在名為「精神」的標題下，也有記錄站上打擊區應有的心態。例如：一站上打擊區就不要計較過去的勝敗、要把自己當成世界第一打者、將打爆投手視為理所當然……。

在職業足球選手中村俊輔的筆記中，也同樣有記錄精神和技術兩方面的內容。例如：他要求自己必須有跟對手道謝的雅量，也寫下自己要前往海外踢球的決心。

當然，針對職場書寫全方面的技術指南也沒問題，但你若想擁有一本「讓生活更美好的筆記」，請務必書寫一些心理層面的內容。

守則五：使用三色筆，提升記憶和效率

曾經有人問愛因斯坦他的研究室在哪裡，愛因斯坦的回應是「拿起鋼筆給對方看」。

對我來說，三色筆就像是愛因斯坦用來研究的鋼筆，和我的思考是相輔相成、缺一不可的存在。

我在其他作品中也多次提到，三色筆的三種顏色可代表以下幾種意義。

紅色：非常重要的事情
藍色：還算重要的事情
綠色：個人感到有趣的部分

凡事都分成三大類，這是最適合人腦的分類方法。一旦分類過多，反而會因為太複雜而令人無所適從，況且使用三種「顏色」也比較容易記住，顏色的效果是非常大的。

我在閱讀著作或會議資料時都會使用三色筆，一邊畫著圓圈或線條，一邊閱讀。

看到書籍要點或資料主旨，我就用紅色標記起來。許多人一開始嘗試這樣做時，大多只會畫藍線，但不用太過在意。有時你重新翻回畫藍線的地方閱讀，可能還會再補一道紅線。**使用三色筆來做記錄，有助於提升我們的記憶和效率。**

同理，寫筆記時也請用三色筆。在聆聽演講或別人的談話時，重要的資訊請用紅筆寫下，還算重要的資訊就用藍筆記錄，至於疑問、意見、感想，使用綠筆書寫就行了。這方法也能應用在手冊上，最重要的行程就用紅筆寫，不能遺忘的事情用藍筆，興趣或遊樂之類的私事改用綠筆。

守則六：畫圖，更好掌握問題

筆記本不要光寫文字，加入圖畫也不錯。

例如：把工作程序畫成圖示，或是把課題畫成流程圖，這樣會更好掌握問題與該處理的課題。

把自己的煩惱洋洋灑灑地寫出來也不錯，**但畫出流程圖可以讓人找到明確的解決辦法**。

比方說，如果你想辭掉現在的工作，與其悶悶不樂地苦思，不如把心情抒發在筆記上，這樣做比較可能發現自己真正的心意與該採取的行動。

首先，寫出「想辭掉工作」，然後下面再列出兩個選項，「辭職」與「繼續幹下去」；辭職的下面再列出三個選項：「轉職」、「回老家」、「創業」。在繼續幹下去的下方，則列出「試著愛上公司」、「找出想辭職的原因」、「放棄」。像這樣方式畫出一張圖。

用玩遊戲的態度畫圖，將能冷靜地審視課題。

畫圖比較容易留下印象，從這個角度來說，畫出一個對話框，然後寫下疑問、意見、感想，這也挺有趣的。聽完別人談話以後，可以把腦海中浮出的印象畫成插圖，就算是單純的圓圈和線條，也會留下深刻的記憶。

不論是「矩陣圖」或「文氏圖」，都很適合用來整理對話內容，幫助自

畫出流程圖
更容易掌握課題

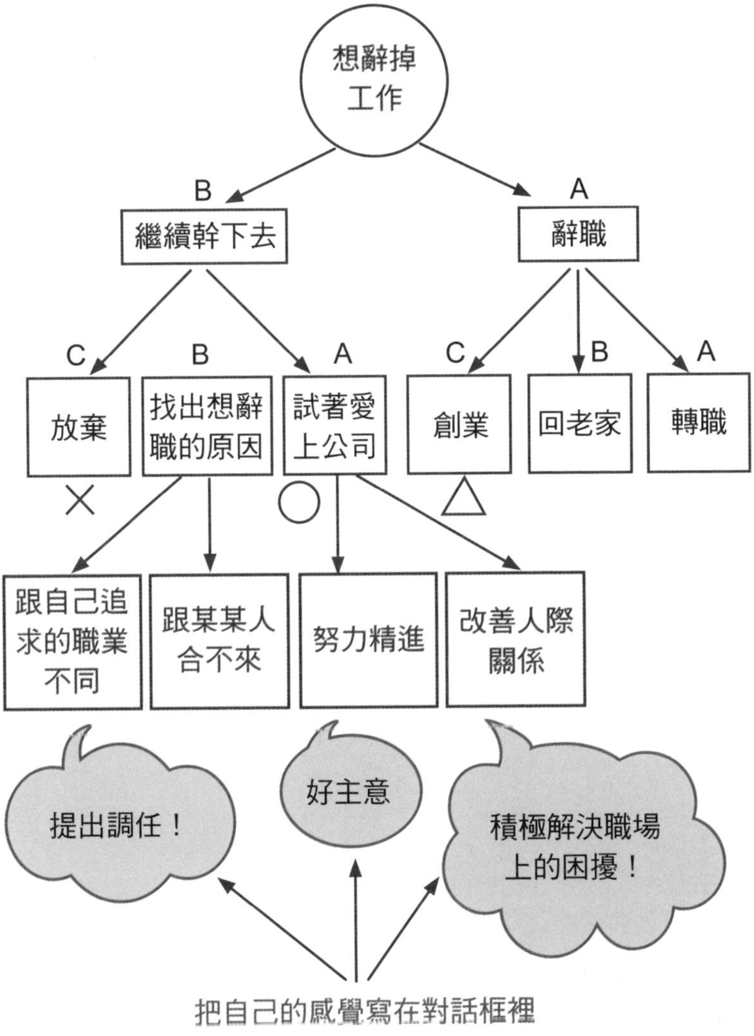

己加深理解。我常畫的矩陣圖是畫出直線和橫線當座標軸，之後在各區塊中放入對立要素，思緒就會變得很清晰了。

文氏圖則是用來表示集合的範圍，包含複數集合的關係。例如：A集合和B集合是什麼樣的關係？哪一方是被涵蓋的？有沒有部分一致？還是兩者相去甚遠？

這兩種圖示都很單純，但十分適合用來釐清談話的架構，加深我們的理解。我在閱讀書籍的時候，也會在空白處畫這些圖。

畫出河川圖，理解故事內容

當我們聆聽或閱讀某個故事的時候，則可以使用「河川圖」幫助自己去理解內容。

一開始先畫兩條橫線當作河川，然後想像從這邊到對岸共有三塊立足點，

用矩陣圖釐清思緒！

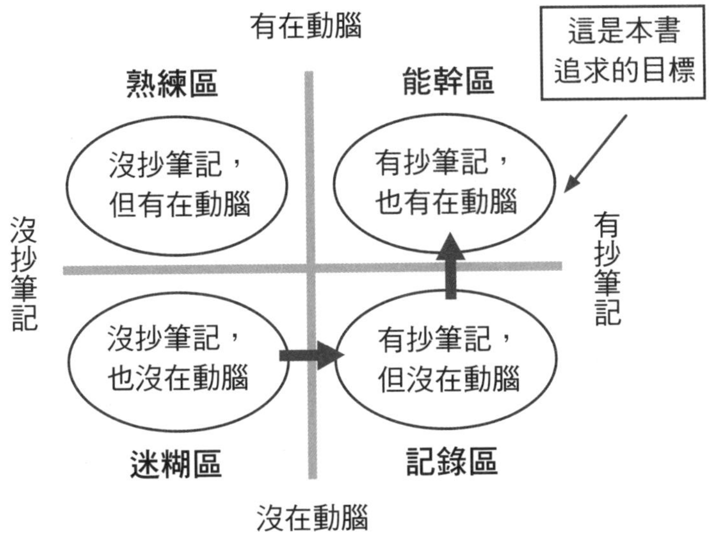

用文氏圖釐清關係

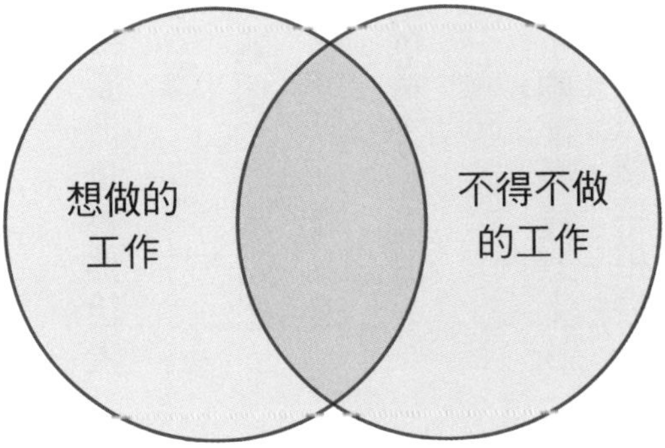

使用這樣的方式進行三段論法。你要在立足點中寫下文字，想像自己踩著立足點過河。跟條列式的文字相比，畫成圖示會更容易掌握重點。

想要完全了解一件事情，你必須思考如何向別人解釋才好。

例如：我在之前的著作中曾提過一則故事。幕末的豪傑勝海舟雖然給人豪氣干雲的印象，但為人十分堅忍、有耐心。

他在《冰川清話》中談論到耐心的重要性，認為遇到困難切莫煩躁動怒，否則將難以成就一番功業。再者，處理事情若太過拚命，也難以持續下去，面對各種艱難與險阻要保持平常心，持續鍛鍊和從容不迫的態度才是關鍵。

事實上，勝海舟的耐心真的非比尋常。

有一個故事談到勝海舟學習荷蘭文的經歷，據說他抄寫了兩部多達五十八卷的荷日對譯字典。當時的勝海舟沒有錢購買字典，只好向某位醫生租借一年，他才花半年時間就全部抄錄完了，無奈付不出十兩的租借費用，便將抄好的字典賣出去還債，之後再花半年抄錄自學用的字典。

勝海舟不僅抄寫整部字典，還抄了兩次。這種常人無法忍受的作業，他竟然不以為意地完成了。讓我們用河川圖來思考這個故事。

首先，就以「勝海舟為何有辦法成就功業？」這個疑問做為出發點，然後分成三個階段來思考。

1. 勝海舟在歷史上相當活躍，而他年輕的時候曾接受過禪學和劍道的艱苦修行。
2. 他曾在一年內抄寫兩部多達五十八卷的字典。
3. 勝海舟知道幹大事需要耐心和毅力，而且終生奉行不渝。

談話者和聆聽者之間有著知識上的代溝，而河川就像是那一道感覺難以跨越的代溝。

聆聽者想要了解談話的主旨，就必須跨越那一條河才行。因此談話者得在河中放置立足點，但如果立足點太多將剝奪對方思考的機會，而太少又沒辦法達成目的。設立三個幫助過河的立足點，聆聽者有一股充實感，這樣他們才會覺得自己聽了一個好故事。當你在跟別人談話時，可以回想自己畫過的河川圖，保證講起來會更加簡單易懂。

守則七：歸納三大重點，溝通無礙

在職場上要有歸納能力，與人溝通才能順暢無礙。當一道訊息、指示或要求傳遞下來，能否如實處理是非常重要的關鍵。事情只做一部分或常常出紕漏，通常都是因為缺乏歸納能力的關係。

命令和實際執行之所以會有出入，這問題也是歸納能力不足所致。大部分的人不懂得取捨，只會努力記下別人說的每一句話，結果真正的重點都沒聽到，連對話內容也忘得一乾二淨。

歸納的訣竅是「把重點濃縮成三個」，因為四個可能會遺漏其中一個，而超過五個搞不好會全部忘光光。

傳達訊息也是同樣的道理，把重點歸納成三個再來傳達，一般人幾乎都能因此掌握到關鍵。講完以後再請對方複誦剛剛所說的三大重點，交辦的事情就妥當了。

掌握重點，就如同掌握了考試的得分關鍵，記住一些旁枝末節是考不了高分的，要抓住老師會考的問題，才能夠考高分。

比起單純地「死記」，不如試著「在腦海裡寫筆記」，這樣表現將會有很大的進步。任何事情都有關鍵的架構、重要的訊息與有趣的地方。請養成習慣，想辦法找出這三大重點，有需要再拿出來用。把重要的資訊歸納成三大重點，就能確實傳遞給對方了。

運用「河川圖」整理複雜的談話內容

終點

有耐心和毅力，才幹得成大事

③ 他知道幹大事需要耐心和毅力

② 他曾抄寫過篇幅甚鉅的字典

① 他受過禪學和劍道的艱苦修行，養成了堅忍不拔的耐性

起點

勝海舟為何有辦法成就功業？

歸納重點的訣竅：加編號

如果覺得在腦海裡寫筆記太困難，不妨就拿真正的筆記來練習一下。

寫筆記也是要歸納三大重點的，請謹記這原則來進行訓練。例如：平常寫完筆記後，加上一、二、三的編號，就好像金牌、銀牌、銅牌一樣。若是用三色筆記錄，最重要的「一」就用紅色來寫，還算重要的「二」就用藍色，有趣的「三」就用綠色。

寫完筆記後下的編號，順序有可能是二、三、一或三、一、二，畢竟一開始記錄的時候，誰也不知道順序會是怎樣。覺得重要的內容先標示起來，之後再幫它加上金牌就好。

鍛鍊歸納能力和在腦海裡寫筆記是有關聯的。想要學會在腦海裡寫筆記，**請養成在筆記內容上添加編號的習慣**，這樣會比較容易掌握筆記的技巧。「寫筆記也要歸納三大重點」，請記住這個學習歸納的訣竅吧！

守則八：記下日期，同時記錄心靈狀態

我的筆記一定會記下日期。

據說歌德也會為自己寫的詩標示日期，因為**記下日期同時也是在記錄自己心靈的狀態**。

在筆記本裡記下日期，筆記就成為了生活的記錄。當你有一天回過頭去看，將會發現自己心靈的變化和成長，這是一種很有趣的體驗。了解自己的變化與成長，也可以提升一個人的幹勁。

假設你在與某個人聊天時想到了好靈感，也請記下對方的名字。開會時無意中想到一個跟會議無關的靈感，也請寫下會議的名稱和場所，還有帶給你靈感的發言人姓名。

筆記通常都有寫日期的欄位，可以在開始寫筆記前先寫下日期。倘若日後要回頭追加記錄其他內容，也請在追加內容的旁邊寫下日期。

當你能弄清楚自己思考的途徑，創意就會更具有真實性，運用起來也會更加順手。

守則九：筆記只用一本就好，構思更全面

雖然本書前面介紹了各式各樣的筆記，但建議最好還是使用一本筆記，不要分開寫一大堆筆記。

我比一般人寫過更多筆記，也在錯誤中改進與學習。到頭來我發現，隨身攜帶一本筆記是最棒的方法。

我也曾把資訊寫在卡片上進行分類，或是寫在活頁夾上進行整理，問題是分類和整理工作實在太繁瑣了，而且零散的紙張也很容易弄不見。

創造不同主題的筆記，把資訊分開來寫的方法也不適合我。這代表如果

某段期間同時思考好幾個主題時，必須隨身攜帶一大堆筆記。

現在我只有一本隨身攜帶的筆記，把所有事情都寫在上面。

再重申一次，我們沒有必要把工作筆記與生活日記分開來寫，兩者寫在同一本筆記就可以了。透過這樣的方式將各種要素寫進筆記中，能全面性創造自己的風格。

當然，有時在構思工作企劃的時候，還是會需要另外寫一本企劃筆記。既然如此，只要再多寫一本企劃筆記就好了。

說了這麼多，重點是用自己習慣的方法才是最好的。只是很多人對筆記或手冊有先入為主的既定觀念，這真的是件很可惜的事情。

如果你認為手冊的用途只是記錄行程，那麼大概寫一整年也寫不出什麼東西，整本手冊幾乎都會空白。既然已經隨身攜帶手冊了，不妨把手冊筆記化，盡量記下自己各種領悟。

守則十：把書本筆記化，迅速吸收知識

有時閱讀書籍受到啟發，你可能會想要把書本上的金句抄到筆記中。例如：直接照抄整段文章，或是把歸納過的重點寫上去，然後再補充一些相關的經驗或體悟。

不過這是很辛苦的作業，實際做起來非常麻煩。大多數的人都只是嘴上說要抄寫，到頭來根本什麼也沒做。

我在求學時也曾寫過歸納書籍內容的筆記，發現其實沒有什麼建設性可言，我把精力都花費在抄寫上面，反倒因此變成呆板的作業。

於是我開始思考，**乾脆直接把整本書都當成筆記好了**。也就是說，我把書本當成印滿文字的筆記。我認為寫讀書筆記最重要的是歸納重點，並且寫下自己的領悟。

寫得不錯的頁數就折起來，例如：還不錯的頁數就折下方的書角，非常

不錯的頁數就折上方的書角。

接著再用三色筆畫記，重要的地方用紅色，還算重要的地方用藍色，有趣的部分就用綠色畫線標示。特別深得我心的部分就圈起來，然後用綠色寫下自己的意見。

自己的意見可以用個箭頭，指向那一段想要評論的文章；或是在空白處畫個對話框，在裡面寫意見也不錯。使用搞笑藝人吐嘈的方式來書寫，說不定會比較好下筆。

畫出對話框很容易留下印象。拿教科書來學習也是同樣的道理，畫一個對話框可以彰顯對自己重要的部分，然後在框裡寫下「勿忘」或「很棒」。空白的地方也可以拿來畫圖，例如：透過畫河川圖，把書中的故事與內容化為圖示。

這樣一直寫下去，書本就變得跟筆記沒兩樣了。假如是一本兩百頁的書籍，你就形同寫了兩百頁的筆記，上面有歸納過的重點和體悟，這下你會覺得書本的知識真正化為自己的血肉。

沒有畫線標記或寫下體悟，這種隨手翻閱的讀書方法，其實很難真正吸收到知識。

最快的方法是，在第一頁的空白頁寫下關鍵字和頁碼。

例如：你在閱讀過程中尋找要引用的段落，找到後畫線標記起來，在空白頁記下該頁的頁碼和關鍵字，這就像是在製作「關鍵字地圖」，我都是用這種方式完成書評工作的。

當你把一整本書都化為自己的筆記，就會開始了解作者的思維，擁有跟作者一樣的思考方式。

各位也許會覺得這樣做很花時間，但這其實遠比單純抄寫筆記還要迅速，習慣以後你的速度還會變更快。從吸收資訊的角度來看，這是一種很有效率的方法。

把書本筆記化，很快你就會有一大堆能派上用場的筆記了。

在空白處寫下關鍵字，把全書的知識化為自己的東西

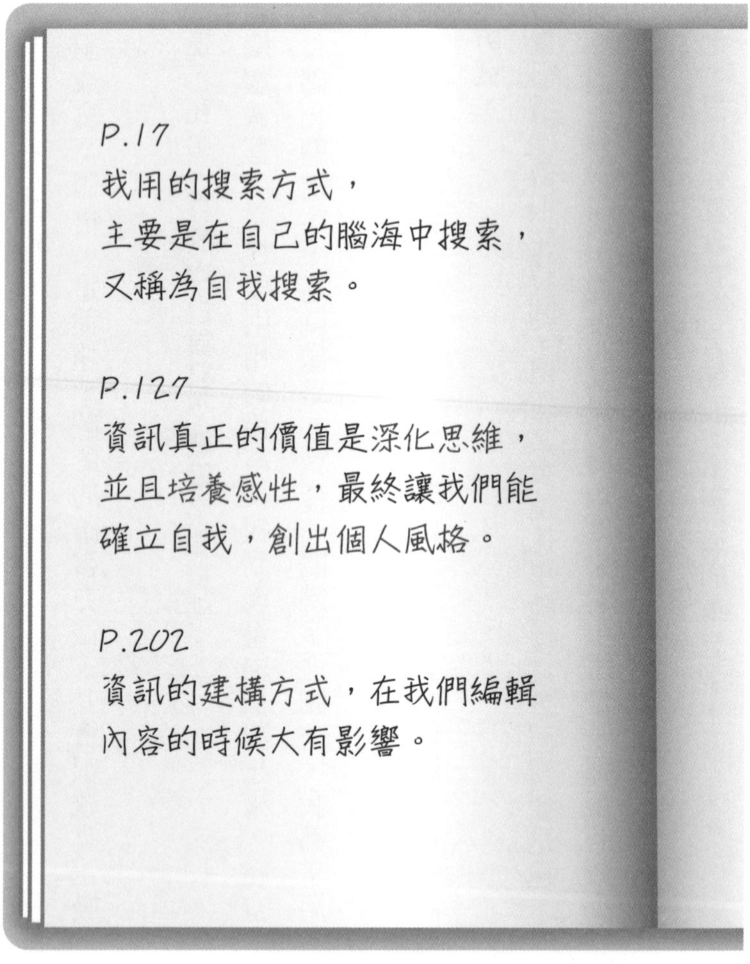
P.17
我用的搜索方式，
主要是在自己的腦海中搜索，
又稱為自我搜索。
P.127
資訊真正的價值是深化思維，
並且培養感性，最終讓我們能
確立自我，創出個人風格。
P.202
資訊的建構方式，在我們編輯
內容的時候大有影響。

用記號活化大腦和深化記憶

寫筆記其實不需要拘泥於某些方法，但我還舉個實例來說明好了。下面以「在咖啡廳裡構思某個企劃或想法」為例。

所謂「企劃」，其實也不是多麼了不起的東西，就是提升我們工作效率的點子罷了。

首先，打開筆記本並在最上面的地方寫下標題，像是你要思考什麼樣的企劃，第一件事是先明確點出課題。

標題旁邊列出你聯想到的疑問，這時先定下規則：**把疑問框起來**。**透過使用視覺性的記號做筆記**，**有助於活化大腦與深化記憶**，就跟使用三色筆是相同的道理。

之後，逐條列出企劃的各項要素，例如：概念、對象、重點、關鍵字等，把想到的要素都寫出來，你會愈來愈清楚自己企劃的綱要是什麼。接著趁觀念還明確的時候，趕緊進行圖示化，使用什麼方式都沒關係，例如：畫出河川圖，在中間放幾個關鍵字當立足點過河，也可以畫縱軸與橫軸的矩陣圖，這些都是我常用的方法。如果是畫矩陣圖，不妨思考從「最糟糕的區塊」進步到「最棒的區塊」需要什麼要素，矩陣圖是非常好的整理方法。

明確點出概念以後，再來思考附加價值的問題，也就是要讓企劃變得更好，究竟還需要哪些東西？要用條列或圖示都沒關係，請在空白處盡情寫下各種創意吧！

最後則是要思考如何讓企劃成功，請寫下執行的步驟。基本上若是寫到這個地步，表示你的思緒已經很清晰了，也知道自己應該做些什麼，只管付出行動就是了。

用筆記本寫出更有內涵的企劃！

守則八

守則四

2016.12.22

工作的生產性要提升三倍！

「為什麼拚命做事，永遠有處理不完的工作？」
「改變工作方式，是否會變得比較能幹？」

概念

- 透過工作發現自我
- 改變工作方式以節省時間
- 提升能力和自我價值

重點

守則七

- 設定目標
- 閱讀必要的書籍來提升生產力
- 寫筆記增進對工作內容的理解

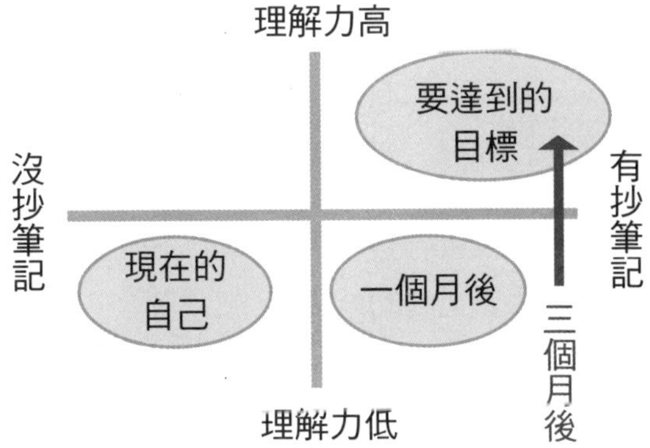

守則六

強化心靈和頭腦，下筆那一刻就發揮八成

用來思考的筆記對我們來說，其實只是攀越學問或工作障礙的梯子，等到攀上去之後就用不到了，**寫筆記的行為本身就可以強化心靈和頭腦**，基本上我也很少重看自己寫的筆記。

有些讀者可能會認為關鍵在於「如何運用寫好的筆記」，但其實在我們下筆的那一刻，筆記就已發揮完六成至七成的作用了。對我而言，下筆的那一刻大概已發揮八成的作用。

由於職業需求的關係，我一直以來寫了大量的筆記，但老實說並沒什麼時間回頭去看那些筆記內容。每天都有不同的課題等著我去處理，所以必須趕緊寫其他的筆記才行。

那麼，我到底是怎麼記下那些筆記內容的呢？答案就是寫下「客觀資訊」和「主觀資訊」，再把寫好的內容說給兩、三個好朋友聽。

具體做法是在寫筆記的時候，先將資訊和自身經驗連結起來，有了穩固的連結後，印象自然會很深刻，這就好比創意會衍生出其他創意一樣，很容易產生連鎖反應。

第四章

掌握處事要領的筆記法

用教人心態寫筆記，吸收力更上一層樓

接下來我要介紹相當有用的筆記做法。

根據我長年寫筆記的經驗，最有效的是「方法筆記」。上班族在學習工作技能或提高生產力時，最好把方法和訣竅寫進筆記裡。

曾經有一段時間，我很喜歡發聲和活動身體的課程，經常參加相關的座談會。當時我一直在記錄那些講師的「方法」，雖然只是受教的一方，但我卻製作講師的課程筆記。我把所有的授課方法都記下來，好讓自己也能當一個合格的講師。

例如：有二十位聽講學生，講師會請大家兩兩一組，花二十分鐘的時間互相練習，像這種方法必須立刻寫下來，否則很快就會忘記。做為學生，大多習慣在腦海中回顧自己的體驗與上課時的印象，不過光憑印象，並沒辦法成為講師教導別人。

講師的行動、指示與下指示時的補充說明也很重要。例如：講師請學生坐在椅子上的時候，還會追加一些比喻或情緒上的提示，像是四肢要放輕鬆，頭部往下垂，彷彿全身柔軟無骨等。若沒有把這些補充說明一併記下來，等到自己當講師就沒東西可教。

這些方法的核心與指示的附加說明，如果不利用課餘時間抄下來，很快就會忘記。因為一般可以邊上課邊抄筆記，但隨堂練習則沒空抄寫，所以需要趁下課休息的時候，趕緊把剛才上過的內容記下來。如果是自己的感想，通常到了隔天也不會遺忘，但實際體驗則很容易忘記。

大多數參加座談會的人都是抱著「學習」的心態聽課，而我則是抱著「教學」的心態。我相當清楚，**成為教人的一方學習成效最好，其吸收效率與單純學習有天壤之別**。

每個人都知道去教導人能深化學習的效果，但實際上我們很難一下子就站上講台教人，就算本身有心當講師，也很難立刻就得到其他人的認可。所以在受教的時候，請先站在講師的立場去了解課程上的各種知識，並且記錄教學的方法。

如何把亂亂的談話內容整理得有架構？

可能有些讀者會好奇，在聆聽別人談話的時候，有沒有什麼可以加深理解的訣竅？

當你試著記下談話內容的時候，不要把對方的談話當成倒入自己腦海裡的骨牌，而是該想成一間正在興建的五層建築：底層有什麼基礎內容？二樓又有什麼內容？樓層之間相連的樓梯又是什麼？你可以試著懷抱這種印象去聆聽談話。

這就好像拿著建築的工程圖，可以幫助我們去了解整座建築的骨架或設計概念。

舉例來說，假設我們在聽某行業的個中老手講話，他的談話內容未必井井有條，搞不好一點系統都沒有。但我們還是要想辦法看穿核心架構，並寫下方法與訣竅。如此一來，我們可以把那些方法整理得比老手更好，用起來也會更加巧妙。

如果是在大學課堂上抄筆記，在下筆之前不妨先思考，該如何拆解這一堂課的講義，或是怎麼拆解一整年的課程內容。東大學生很擅長寫「方法筆記」，寫出來的筆記幾乎都可以拿來授課了。

東大學生之所以擅長寫筆記，主要是因為會思考「萬一自己站上講台該怎麼做」，而與頭腦好壞沒有太大的關係。不光是東大學生這樣做，擅長考試的人也都會去揣摩出題者的想法。

擅長考試的人解題能力之所以高超，是因為了解出題者的意圖，能站在教師的立場去思考出題的傾向，有了這種思考習慣，自然就寫得出考卷所要求的答案了。

把知識筆記化，需要「去蕪存菁」

「去蕪存菁」是一種聆聽和系統化並重的行為。我們在聆聽談話的整個過程中，不只要寫下當中的訣竅和方法，還要能夠篩選出沒有文字可循的系統性方法。

把沒有文字可循的東西整理出一個架構並去蕪存菁，這本身需要高度的技術。以下就用校外教學來說明好了。

一般小學或中學都有所謂的校外教學，記得我以前讀中學時也曾去過罐頭工廠，主要是看橘子怎麼加工做成罐頭，看完之後還要寫成筆記交出去；此外還有去過鐵工廠、製茶廠。即使到了現在，我對當時的參觀內容都還記得一清二楚。

既然這是學校教育的一環，自然不是參觀完就沒事了。我們必須帶著筆記去做記錄，了解產品是怎麼製造的，寫下來以後回到學校發表。如果只是像外行人一樣看熱鬧，並沒辦法說明完整的製造過程，用圖示或文章記下製造過程，才可能說出大致的生產經過。

另外，我們還得聆聽工廠人員解說，記下說明的重點。

商務人士在寫筆記的時候，不妨可以直接套用校外教學的筆記做法。

任何商品都是經過標準化製程，才製造成商品販售。單純的製造流程不論誰都曉得，**但背後隱含的訣竅並無法只靠參觀就學到**，例如：商品要在什麼時機上市才有賺頭、成品率該如何提高……這些沒有文字可循的資訊，必須向現場人員打聽才能略知一二。

所謂的「方法和訣竅」，是這些程序和隱藏知識的集合體。如果沒有很了解這門工作，就不太可能把方法和訣竅寫在筆記上。換言之，想要把知識筆記化，需要高度的技巧。

整理工作方法和訣竅，鍛鍊領導力

校外教學培養出來的筆記法，在職場上也十分受用。我建議大家剛進入一間公司就職時，不妨先寫一本「類似校外教學的筆記」。

筆記不要只是記下上司的指示或指導內容，還要把工作的流程歸納、統整出來。這是小學生都辦得到的事，上班族沒道理做不到。

重點是把工作上的問題做成一看就懂的筆記，例如：某項作業有什麼樣的意義、需要什麼樣的能力、處理的流程又是如何……。

另外，不要只寫下密密麻麻的文字，加入一些圖示會更好。用文章和圖示互補不足之處，讀起來會非常簡單易懂。

練習用文章和圖示表達本無文字可循的知識，可以訓練我們管理上的必要能力。因為了解每個人的職掌，將工作內容分析後表達出來，這種能力與管理息息相關。

管理階級並不是年資到了就能勝任，而是要有管理能力才當得起。就好像業務人員要有跑業務的能力一樣，管理階級也必須有管理能力才行。其實管理純粹只是一種職能，地位也不見得比其他職務更高，不過薪水通常比較高，這表示人們都認同管理是需要高度能力的職務。

而管理所需的能力，就是可以看穿工作方法和訣竅，並進行統整、歸納，而做筆記可以鍛鍊這樣的能力，就職後先寫一本「類似校外教學的筆記」，就是通往管理階級的捷徑，因此要說它是「出人頭地的筆記」也行。一個人若是擅長寫筆記，就算本身沒想過要擔任管理職務，其高超能力也絕不會被埋沒，這種筆記也可說是「不想出人頭地都不行的筆記」。

領導者必須要有綜觀全局的能力，因此不能只看與自己有關的部分，而是要從更宏觀的角度來看整體情況。將工作的方法和訣竅寫在筆記上，可以幫助我們鍛鍊這種能力。

我建議新鮮人剛進公司時，最好把一半的心力用來工作，另一半的心力則放在管理層面。在第一線工作的經驗固然重要，但也不要忘了綜觀全局的視野。但也請別把所有心力都放在管理上，因為這樣做可能會讓人認為你在耍大牌，務必要多加小心。

工作架構圖，流程有問題馬上找出

東京的地下鐵結構非常複雜，如果有一張路線圖在手會方便許多，我都會隨身攜帶車站發送的路線卡。我想應該很多人都有畫過類似的圖卡來使用吧！用久之後繪製方法會變得更加洗練，最後留下來的就是最好用的圖卡。

如果有人畫得出工作架構圖，這對整個職場的同事都是一大福音。架構圖就跟水道管線配置圖一樣，**但工作流程滯礙，馬上就能找出問題所在**。當我們發現出問題的地方在哪，就能改變工作的編排方式來改善流程。不光是流程，有時就連空間上的配置也很重要，例如：員工之間的座位太遙遠，溝通起來就有困難。

假設某單位六人為一組，我們試著把他們的工作化為圖示，結果發現工作程序上有些不順暢的地方，並非每個人都有同樣的線條相連。好比A與B之間缺乏溝通，所以導致工作進展不順，這時只要拉近兩人的座位就好了。

談到座位，容我說個題外話。一般新進員工的座位，通常都離單位長官最遙遠，其實這是錯誤的安排。由於新進人員最需要知道企業的運作方式與工作的明確流程，所以應該讓有能力綜觀全局的人在新進人員旁邊。

當然，新進人員本身也要努力掌握工作的架構。真正有能力的新人，會自己畫出工作架構圖；但一般的基層員工很難綜觀全局，大多很需要主管給予的建議。因此，主管要帶領新進員工畫出工作流程圖，從旁進行糾正和補充說明。

一般來說，菜鳥剛進公司所畫的工作架構圖，通常都缺乏扎實的內容。主管可以問他們每個流程之間有哪些要素？其他同事的工作內容又是什麼？

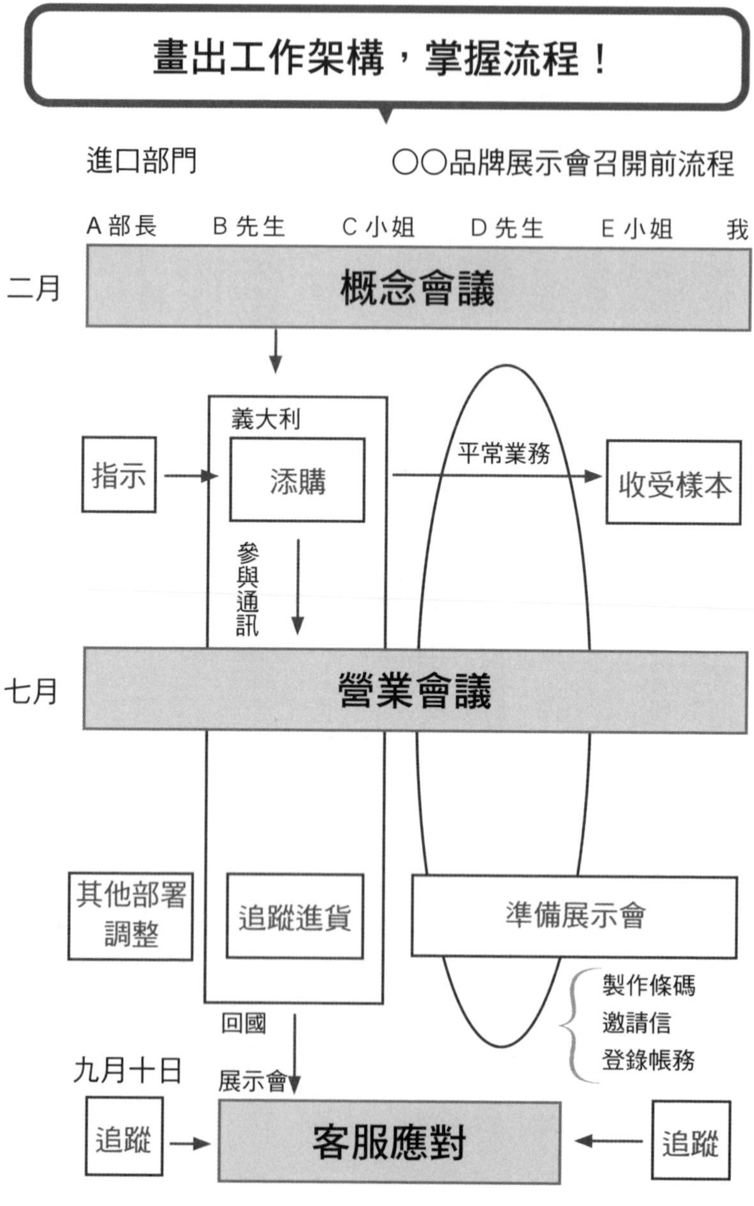
畫出工作架構，掌握流程！
進口部門
○○品牌展示會召開前流程
A 部長
B 先生
C 小姐
D 先生
E 小姐
我
二月
概念會議
義大利
指示
添購
平常業務
收受樣本
參與通訊
七月
營業會議
其他部署調整
追蹤進貨
準備展示會
製作條碼
邀請信
登錄帳務
回國
九月十日
展示會
追蹤
客服應對
追蹤

藉此提醒他們該留意的重點。

大約等兩、三個月後再請他們畫一次，會發現原本空洞的圖示變得比較充實。架構圖畫得愈充實的人，在工作時愈懂得顧慮其他同事的狀況。

挑人才，如何看穿對方能力？

前面說過，從一個人的筆記可以看出他的能力如何。筆記能幫我們判斷對方是真材實料或虛有其表，因此在遴選新進人員時，不妨活用筆記。

「人才」是企業不可或缺的一大關鍵，想採用新進人員通常需要很大的勇氣。人才優劣和企業的利害息息相關，必須謹慎挑選才行。

那麼應該如何選擇才好呢？首先透過面試挑選出一批人，然後把他們當成「實習生」放到公司內部幹活。請不要事先告訴這些人之後會考工作流程，否則幾乎每個人都寫得出來。讓他們在不知情的狀況下工作，再臨時要求他們畫出工作流程圖。誰畫得出來誰畫不出來，保證一目了然，只要用這一點去判斷他們的能力就好。

能自行發掘沒有文字可循的訣竅，並且可以用文章和圖示表達出來，這種能力與工作本領是有關係的。讓實習生畫出流程圖，看他們寫的內容怎麼樣，大概就能判斷他們錄取後的工作能力高低了。這會比透過面試判斷一個人的特性和能力來得更加精確。

平日多用「方法筆記」訓練自己，是最有效率的筆記使用方式。

工作交接還必須包含員工領悟的紀錄

在剛到職的時候，如果有拿到工作手冊，做起事來絕對會更容易上手。有問題就參照手冊內容來整理工作方法，逐步處理問題即可。

我認為工作手冊是應該要有的東西，不過很多企業都付之闕如。就連經常有人事異動的企業，對於交接工作也都只是用口頭傳授，這種做法實在令人難以置信。

會認真做交接工作的，多半是容易引發事故的行業，例如：醫療、鐵路相關⋯⋯由於護理師要輪流照顧病人，萬一輪班者之間認知有差異，將會導致非常嚴重的後果。所以，護理師每天都很認真交接。

我常跟出版編輯一起工作，有些出版社的編輯流動率很高，許多事情換了新編輯就必須再重新說明一次，這實在是很痛苦的過程。有些作家很討厭把同樣的事一提再提，所以乾脆不跟人員流動率高的出版社合作。「經驗共有」這價值極為重要，遺憾的是很多人都不了解這一點。

工作手冊必須包含歸納、統整過的文件，以及前任員工記錄的領悟。除了口頭交接給下一任以外，還要確實把手冊轉交給對方，這才稱得上是真正的交接。下一任在讀完工作手冊後，如果提出任何疑問，前任員工也必須負責回答。

工作是「訣竅」與「問題意識」的累積

沒有確實做好交接的公司與企業，不明白工作其實是「訣竅」與「問題意識」的累積。

就算企業本身有準備工作手冊，若只是直接交給新上任的職員，這也稱不上是有效的交接。手冊上固然有記載一些方法和訣竅，但沒有寫到的部分也相當重要。

「方法是這樣沒錯，但如果有注意這一點，做起來會更順利。」

「失誤的原因主要就是這些，事先確認比較好。」

「在工作現場主動發現問題」是相當有價值的事，這種觀念是否有交接給下一任，對整體工作的影響很大。

我建議現場的負責人最好要養成習慣，在統一的工作手冊中寫下值得留意的問題。

例如：給同一批新進員工一樣的工作手冊，讓他們寫下自己的領悟和注意事項。**假如手冊本身已經有詳細的行動指南，那麼他們該記錄的則是「工作上的問題」**。如此一來，每一本工作手冊會變成他們獨創的內容，無法被其他人的手冊給取代。

這種製作工作手冊的能力，幾乎包含了職場所需大部分的必備技能。

同樣，三色筆記錄法也能應用在工作手冊上。

非做不可的事情用紅筆記下。

必須執行的程序則用藍筆。

自己發現的問題或工作訣竅，就用綠筆記下。

請各位在處理工作時製作這樣的手冊。大部分的人都不會這樣做，而有

製作一份教戰手冊，
就能掌握工作方法和訣竅！

每月例行公事：【製作應收帳款確認表】

目的
製作資料，確認業務負責人回收應收帳款的進度。

期限
每月五日止

使用軟體
Microsoft Access，〇〇資料庫

步驟
① 向經營管理室確認狀況，從〇〇資料庫中取得應收帳款資料
※ 使用 USB 隨身碟
② 打開 Access「確認應收帳款」，複製應收帳款資料
③ 查詢「應收帳款一元以上」
④ 製作回收報告
→確認是否符合〇〇資料庫
（客戶代碼、日期、金額）
⑤ 查詢「滯納九十天以上」
⑥ 製作滯納報告
→確認是否符合〇〇資料庫
（客戶代碼、日期、金額）
⑦ 印出這兩份報告，帶到負責的部門

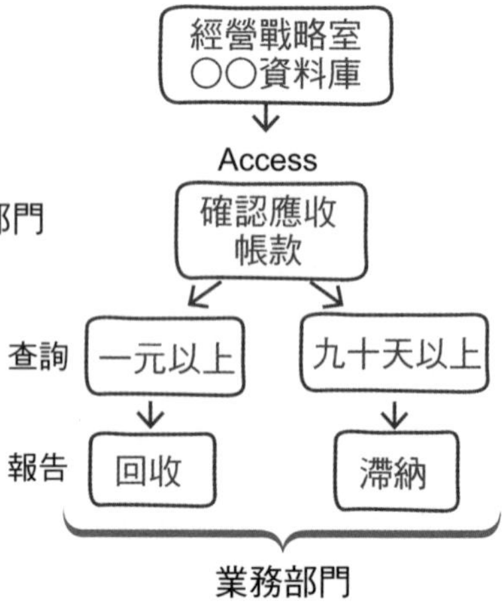

變更
萬一客戶端的負責人變更
→更改負責人資料

做的人通常很快就會鶴立雞群。

促進個人成長，提高外在評價的「方法筆記」

寫下工作訣竅的筆記不僅能促進個人的成長，同時可以提高別人對我們的評價。

例如：你把寫好的工作方法與問題拿給上司看，請上司確認你寫的內容對不對。真正了解工作內容的上司會告訴你有哪些地方應該改進，而你就改正缺失或錯誤的部分，在工作時特別留意那些要點。

上司看到你這麼認真，絕對會把這些事記在心裡。只需一、兩次的交流，就可以讓你們之間產生信賴關係。

寫筆記有個好處，就是別人會看到你的努力，因為努力的成果統統化為實際的筆記。就算你不刻意彰顯自己很能幹，上位者也會知道你與眾不同，進而願意把重要的工作交給你。

獲得新的工作以後，繼續把你發現的訣竅和問題寫成筆記。等到有能力做出工作手冊，交接起來會更加順手，並且可以讓你超越其他同事。

現在日本的正職員工變得愈來愈少，大家都認為就業市場面臨寒冬。其實每位雇主都想要雇用能幹的人才，只是真正的人才並不多，所以雇用的意願也不太高。

這對企業結構來說是很嚴重的問題，因此我們應該寫下工作筆記，以此來挽救自己的人生。若能養成做筆記的習慣，寫下自己發現的工作方法和問題，保證會令你平步青雲。

很多人都沒有想過該做些什麼才能出人頭地。我認為想要出人頭地，就必須獲得上司好評，並做出值得上司認可的事。

如果你一直很留意工作上的訣竅或問題，同時也希望上司稱讚你這種細心的特質，那麼就先寫好筆記吧！寫筆記是一種鶴立雞群的行為。

況且，製作工作手冊對未來的交接與指導也有幫助。倘若有朝一日某人說你的指導非常清楚易懂，那就代表你的實力已有很高的水平了。

重視交接問題，更容易察覺工作問題

在寫工作訣竅的筆記時，請務必要時時刻刻留意交接問題。抱著指導後進的心態寫筆記，你會更清楚察覺到工作上有哪些問題。

我在大學課堂上，會請那些參加過教育實習的學生分組對談。由於教育實習對學生來說是極具衝擊性的經驗，因此我的用意就是要透過討論來深化他們的經驗。

分組討論的課題是「製作一份清單」，以此來提醒學弟妹應該注意的要點。學生們分成四人一組，彼此討論自己的領悟，並將這些內容都整理出來。

例如：寫黑板時該注意哪些事情，有什麼絕對不能做的事情……學生們在討論中集思廣益。**當他們懷著指導後進的心態進行對談，整個談話內容就會變得更加明確、有條理**。

假如不給學生們一個課題，他們通常只會討論自己的實習經驗，好比「跟高中生處得不錯」之類的話題。雖然經驗談本身也具有一定的價值，不過若能抱著提攜後進的心態對談，談話品質會更好。整場對談下來，會列舉出大量的經驗知識。

接著比對每一組提出的項目，就能完成一份教學實習的手冊了。手冊中的建議跟我們教職員的指導角度不同，會比較接近教戰手冊的本質，使用起來也非常有效。

在職場上可能有官方發布的工作手冊，但有一些細緻的技巧和經驗，就只有在現場工作過的人才知道。如果我們想要自己寫出一些領悟，這樣也不是不行，但找同事一起討論的效果會比較好。

例如：大家一起討論今天的工作為何能夠如此順利，抑或是為何會出現重大失誤等。

一邊寫筆記一邊對話，既可以保持客觀性，又能冷靜分析。面對失誤也不會過於失落，具有平穩情緒的作用。

遇到不熟悉的工作，先用筆記模擬

做事時不必一直盯著工作手冊，只要事先記到腦海裡，有需要時再拿出來確認就好。**先模擬一下做事的程序，有助於加深我們的記憶。**

有部日本電視劇叫《白色巨塔》，其中的主角財前五郎會像指揮家一樣揮舞雙手，模擬自己進行外科手術的過程。他會先用雙手模擬操刀狀況，然後去幫病人動手術。

外科手術相當講究方法，醫生必須在時限內做完該做的治療程序。只是，治療程序也是有選擇性的，並不能完全照本宣科。

舉例來說，在實際剖開人體後，每個病患的狀況可能都不一樣，醫生不應該等到那時才來煩惱該怎麼辦。

事先預測可能的選項，演練相應的處置辦法，這樣才能跟優秀的外科醫生一樣，冷靜處理工作上的問題。請各位效法財前五郎，用自己的雙手或身體進行事前演練。

例如：見到其他公司的董事長時，應該如何起身行禮，之後再怎麼遞出自己的名片等。

若能如此，我們的行動就會變得冷靜、有條理。等到習慣一連串的方法後，行為自然會烙印在腦海裡。但在成為習慣以前，建議先把模擬的內容寫在方法筆記裡。

第五章

強化學習能力的筆記法

聆聽過程中，寫下疑問、意見、感想

在舉辦財經講座的時候，我一開始通常會這樣告訴聽眾：「請寫下我演講的內容，之後試著用自己的方式說出來。」

如果不這樣講，通常很少有人會寫筆記。

當我演講半小時之後，詢問底下聽眾有沒有人把自己的疑問寫在筆記上，兩百人中有一人舉手就要偷笑了。

接著，我會再問他們有沒有寫下意見。照常理說，底下聽眾一定會有自己的意見，例如：可能覺得我哪裡講得不對，或是曾經聽過類似的話題等。但很遺憾的是，也幾乎沒有人會寫下自己的意見。

就連演講有不有趣、是否令人感同身受，關於這一類的感想也幾乎沒有人寫下來。

這是為什麼呢？

大家都有一種既定觀念，似乎認為筆記就只是抄下外在資訊而已。至於像日記那樣寫下個人感想的內容，並不在筆記的範疇之內。換句話說，人們很少把資訊與感想放在一起。

不過，**將外部資訊和內在感想寫在同一本筆記上，能促進我們對訊息的吸收能力**。如果你想要徹底活用聆聽演講的時間，把得到的啟示應用在工作上，那麼使用筆記進行互動式聆聽就至關重要。

以三色筆為例，綠色是用來記錄自己的疑問、感想、意見。當我們在筆記中增加綠色的內容，聆聽演講的態度就會變得不一樣，資訊吸收率也會更上一層樓。

這樣做可以讓我們在有需要的時候回想起演講內容，還可以運用得到的靈感，等於是替創造性活動增添動力，讓人能夠完全活用資源。

有時演講聽到一半，你很可能會聯想到一些沒有直接關聯的靈感，這是因為演講的內容能激發聽眾的思緒，讓人腦海突然靈光乍現。當這種靈感出現的時候，請立刻用綠筆記錄下來。在所有的意見之中，靈感可以說是最重要的部分。

我認為就算只是寫下疑問，這行為也相當有建設性。因為當你開始思考要提出哪些疑問，受到刺激的思緒就會孕育出靈感了。

舉例來說，講師談論的內容可能讓你覺得了無新意，那麼把這樣的心得感想寫在筆記上，也可以提升你對這場演講理解的程度，是屬於互動式聆聽的一種方法。

當你在咖啡廳跟朋友聊天時，也多少會發表一些評論，對吧？朋友說錯了你會糾正他，或是把自己的經驗拿出來分享。

我們在座談會或演講會聆聽「講師」開示時，雖然不像朋友之間那樣平等對談，但還是能夠在筆記上進行「互動式聆聽」。

當然，聆聽別人談話時最重要的態度是「積極的被動性」，**不論如何先乖乖聽對方講些什麼，吸收當中有益的部分**。而在「積極的被動性」中加入一點感情，也不失為一種好方法。

例如：聽到自己不知道的事情時，不妨表現出敬佩或驚訝的態度；聽到不認同的事情時，也可以表現出懷疑的態度。

不要光是在腦海中與演講者互動，要在筆記上互動才行。唯有寫成文字，你才會真正留意到問題所在，而不只是一種似有若無的感覺。之後你就能以那些文字做為基礎，進一步深化自己的思緒。

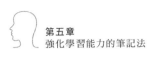

用別人的話來抓住腦海中的大魚

別人的談話內容能夠刺激我們的思緒。

在聆聽談話的過程中寫筆記，就好像把別人的話語當成漁網，用來打撈自己腦海裡的大魚。這些魚平時都躲在深海裡，海水要經過翻攪，魚兒才會浮上水面，比較容易被我們抓到。

聆聽談話也是一樣的道理，記憶中的資訊會沉澱在我們的腦海深處，那些東西可以透過別人的話語撈出來。

假設講師談到概念的議題好了，題目可能是「互動式辯證法」，你就可以試著用這套漁網來翻攪一下自己的經驗大海。接著你可能會想起來，以前某位老師也有使用類似的方法上課，試圖達到一種新境界。這時就用綠筆寫下「某某老師的互動式課程」，若有具體細節更好。

把概念和自身的經驗相互連結後，就再也不會忘記了，而且應用起來也會特別得心應手。這是一舉兩得的好方法，既可以讓沉在經驗大海中的魚兒浮上來，又可以活用嶄新的概念。既然決定要做筆記，如果不享受這種好處就太可惜了。

有些人習慣在聆聽談話時先專心寫筆記，等事後再寫下疑問、感想、意見，這樣做也可以，不過依照我個人的經驗談，打鐵還是趁熱為妙，趁著印象深刻時當場把意見寫下來，這樣的效果特別好。

通常聽完演講以後，我們大概也不會再看筆記了，就算真的去看，也幾乎抓不到任何魚。為什麼呢？因為太麻煩了，熱情早已完全消失了。

這其實就跟吃飯是一樣的道理，剛煮好的飯菜絕對是最好吃的，一旦冷掉就不好吃了。在聽到訊息的當下刺激是最強的，也是捕捉我們腦海大魚的最佳時機。

從這個角度來思考的話，演講者需要兩大要素才能抓住聽眾的心。

第一個要素是「刺激聽眾的感情」。有些人不必搬出概念或理論，就能直接傳遞感性的訊息，例如：用發聲、抑揚頓挫、肢體語言等方式來刺激感情，聽眾的情緒會跟著激起波瀾，腦中的大海也因此被翻攪。

不過如果只是單純刺激感情，魚群馬上又會潛入大海。

另一個要素是「漁網」，這裡的漁網是指概念、邏輯思維、帶給聽眾啟發的故事。一位講師在演說中加入這些東西，才有辦法翻攪聽眾腦海中的廣大經驗，讓他們想起自己過去也有一些類似的經歷，並且能從經驗的大海中順利捕到魚。

不過這仍然一樣，魚群很快就會跑回深海之中。

前幾天我看電視的時候，深刻體驗到魚群潛回海底的速度有多快（我個人滿常看電視的，會在深夜觀賞事先錄好的搞笑綜藝節目）。

其實我也不是真的愛看節目，主要只是想抓腦海中的大魚。我的心力並沒有一〇〇％放在節目上，大約只有五〇％而已，剩下的五〇％則是在節目中尋找啟示，例如：下一本書的靈感或企劃之類的。

我用這種找魚的態度觀賞電視，有時候會突然靈光乍現，就好像是在玩聯想遊戲一樣，就算聽錯了節目主持人所講的話，也有獲得靈感的機會。

前幾天我在看電視的過程中，一邊思考如何使用不同的觀念來控制情緒，結果一瞬間就找到了三個啟示，於是趕緊尋找筆記。這些靈感若不馬上寫下來，很快就會忘記。

結果確實如此，我只寫下了兩個靈感，最後一個怎樣也想不起來。明明確定有三個靈感的，竟就在找筆記時忘記了一個。後來我苦思了三十分鐘左右，好不容易才終於想起來，由此可見魚群多快就會潛入深海中。

總之，聆聽談話時若有任何靈感，務必立刻記錄下來。

在筆記上自問自答，促進思考

前幾天，我買了一本松下幸之助的書給唸高中的兒子閱讀，書名是《領導者必先知道的事》（リーダーになる人に知っておいてほしいこと）。這是從松下政經塾一百小時的課程中，擷取精華觀念的集大成之作。全書共有四十八個項目，但通篇重點不外乎宣揚「真切誠懇」的重要性。

書中收錄了一則很有趣的故事，有一位政經塾的學生請教松下幸之助一

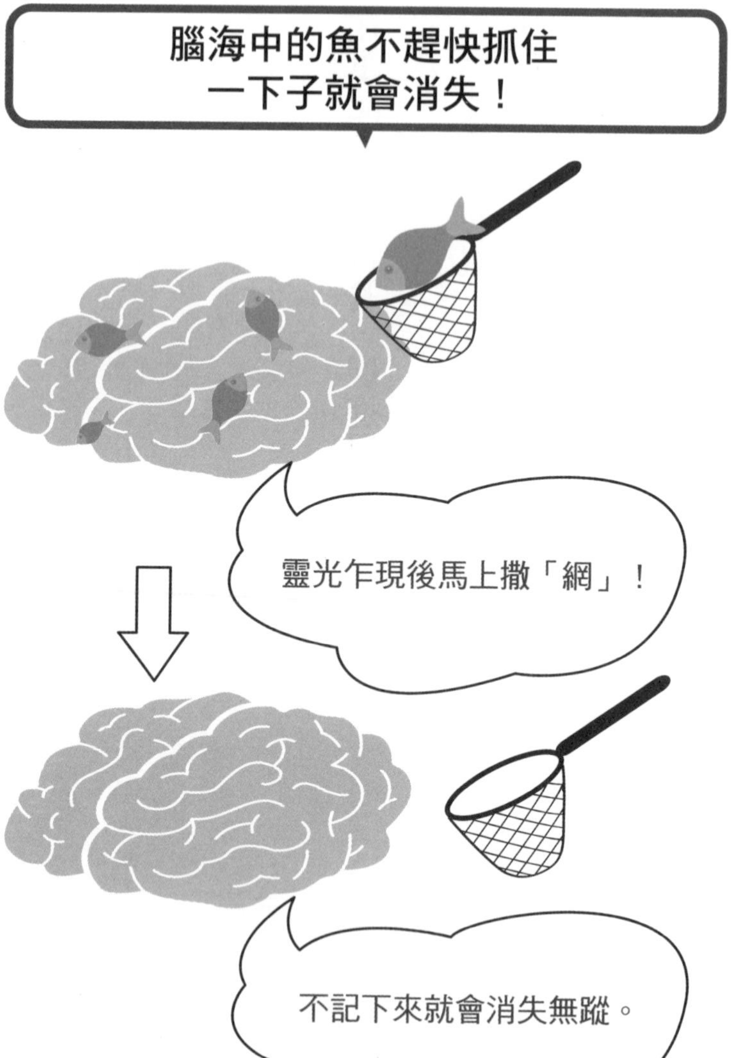
腦海中的魚不趕快抓住
一下子就會消失！
靈光乍現後馬上撒「網」！
不記下來就會消失無蹤。

個問題。

「日本有句古諺叫『鳥不鳴待如何』，用來表現織田信長、豐臣秀吉、德川家康這三大英雄完全不同的性格。請問幸之助先生，如果換作是您，會怎麼回答這個問題呢？」

這學生的提問能力實在很高超，不但提出了很具體的問題，而且還是一個能體現個人價值觀的問題。

我光是想像如果有學生提出這個問題，就差點冒冷汗了。甚至會心想，這麼困難的問題應該事先跟我說一聲，讓我先做好心理準備才對嘛！

織田信長的答案是「鳥不鳴則殺之」，豐臣秀吉的答案是「鳥不鳴使鳴之」，德川家康的答案是「鳥不鳴待鳴之」。

上面三個答案，基本上道盡了各種經營者的思維，如果是我，大概會選擇直接放棄作答。

我想當時會場上的其他學生們，應該也都在心中思考自己該如何回答這個問題。

透過這種方式來促進思考非常重要。光是聽別人談話，你很可能只會左耳進右耳出；反之若**被人提出問題，我們才會動腦思考**。

其實在筆記中寫下疑問的做法，也是在刺激自己的大腦。先寫下想要問對方的疑問，然後寫下自己會如何回答，這又稱為「自問自答筆記」。

一邊聽談話，一邊寫下疑問和回答，就可以學習對方的談話方式。比方說，當我們寫下前面那則故事的疑問和回答，就可以去揣摩松下幸之助的思維來作答。

那麼，松下幸之助究竟是如何回答的呢？

他說：「鳥不鳴亦何妨？」

確實，這跟「以真切誠懇為重」的理念有互通之處，符合現代社會所需的靈活性，松下幸之助真不愧是名留青史的經營者。

口才不好，靠筆記讓說話有內涵

在談話前事先準備好疑問和解答，這樣說起話來才會有高低起伏，因此做筆記這方法對增進個人口才也有幫助。在演講或授課的時候提出疑問，至少聽眾在當下是不會睡覺的。我在演講的時候也會拚命地拋出疑問，每個問題都讓聽眾思考三秒左右，然後再告訴他們結論，並繼續下一個議題。聽眾有疑問才會思考，並且想知道答案。提問能刺激聽眾的頭腦，讓他們的注意力持續集中在演講上。

當然，我們準備好的問題不必丟給聽眾思考也沒關係，自己提出解答也可以讓整場談話更加流暢，而且這樣做等於加入了不同的觀點，能對聽眾產生新的刺激性。

口才不好的人在練習演講前，應該先練習寫文章，而若是自認「口才尚可」的人反而比較危險。請試著把自己要說的內容寫在筆記上，畢竟聆聽漫長又枯燥的演講非常痛苦。

一般人都以為話講得多就是口才好，但重要的是「談話內容」。如果你沒辦法把自己要說的內容寫出來，就表示缺乏內涵。

把想說的內容寫成文章，也能讓演講內容變得更加簡單扼要。文章通常有較多的詞彙，大家去看字典應該就可以了解，裡面有很多一般人平常不太會用到的詞彙。

相較之下，口語只需要記得一千個單字，大概就足夠應付日常生活。所以完全使用口語的方式來演講，詞彙量實在太過稀少，其中有意義的文字含量也會偏低。

把談話內容寫成文章可以再做整理，這樣會對訓練口才有幫助。再者，把想法寫在筆記上也能夠累積話題。

我會製作授課用的筆記，過去準備一個半小時的授課內容，大概需要花十至二十個小時。

這是因為談話需要先經過整理和濃縮，準備起來自然要花時間。一個半小時的談話內容不可能只花一個小時就準備好。花時間做出來的授課筆記是一大財產，代表我有一整本的內容可講。

大學裡一個半小時的課程，上半年就有十五堂，一年算起來總共有三十堂。通常很少有人連續三十堂課都能上得很有趣，頂多一堂課內容有趣，就算很了不起了。

學校曾經請過記者來當客座講師，第一次上課都很有趣，但後來他們在其他科目也講同樣的內容，聽過的學生就會感到了無新意。

談話之所以了無新意，其實是因為講師只是靠臨場反應在演講而已。如果他們有事先製作授課筆記，大概就不會被說無聊了。

然而，若只是完全按照筆記內容演講，也無法帶動現場的活力。這樣的演講缺乏臨場感，聽眾也不會認真聆聽，因此需要懂得臨機應變。基本上我是用授課筆記搭配三、四本書的內容來講課，有時還會加入電視或別人告訴我的資訊。等到習慣以後，就不必過度依賴筆記了。

分享新的資訊時，如果是直接說出來就太沒技巧了，一定要先融入自己的談話脈絡。

事先準備三種方式，不怕無話可說

前面提到松下幸之助的故事，學生曾問他：「鳥不鳴待如何？」我們在談論這話題時**可以用請教的方式去問底下聽眾**，如果他們是松下幸之助，會怎麼回答這個問題呢？之後再把答案說出來，順便說明解答的意義，告訴他們這故事是在闡揚「真切誠懇」的重要性。

這樣就是一個好方式，若只是單純說故事，不免太過無趣，因為這種小故事任何人都會講。

接著可以**把故事和自己的經驗連結起來**，例如：我們認識的某個人，就是靠「真切誠懇」的特質獲得成功的。懂得用這種方式談話，聽眾就不會感到無聊，口才也會愈來愈好。

重點是我們要先寫下和自身經驗有關的內容。

電腦用語中有個說法叫「建立連結」，這是很有趣的形容。本來只要直接說連結就好，卻特地加了一個建立，給人一種蜘蛛築巢的印象。

把自己的談話內容和經驗相互連結，很適合使用這樣的字眼。就印象來說，這兩者的連結是較為靈活的，而不是死板板的連結方式。

先記下有趣的話題，然後多說給幾個人聽，讓內容變得更加簡單扼要，這樣談話主題就不會太無聊。練習多說幾次之後，你就會知道笑點在哪裡，談話技巧也將更上一層樓。

有個人氣電視節目叫《人志松本的趣味談話》，有時攝影機會拍到搞笑藝人在開口前偷看便條紙的畫面。

其實不只有為節目專門準備的笑料，搞笑藝人的筆記裡面，也都記載了很多搞笑、吐嘈、耍笨之類的點子。

這證明了就連那些說話專家，都會在筆記上思考點子。我們也要把談話內容寫在筆記上頭，才會擁有人人愛聽的「趣味話題」。畢竟要臨場說出趣味又富哲理的話實在太困難了，藉由做筆記累積豐富的趣味話題，自然會獲得「口才好」的評價。

如何在「三秒內」說出意見

一個人如果臨時被要求發表意見，還有辦法馬上答話，代表他的思考速度非常快。我認為其實只要經過訓練，任何人都能做到這件事。

我在財經座談會上演講時，雖然不會叫聽眾起身回答問題，但在談完一個話題後，會問大家有沒有聯想到相關的故事，有的人請拍手鼓掌。起先沒有人拍手，全場靜悄悄；等他們習慣在聆聽過程中寫下疑問和意見，就有半數以上的人會拍手鼓掌。

習慣寫下疑問和意見的人，萬一突然被問到有沒有什麼問題或感想，也能立刻回答對方。

在被問到疑問或感想的時候，最好要能在三秒內做出回答。當我問聽眾有沒有問題，如果大家沉默了三秒鐘，我就會繼續講下一個話題，這是因為我性格急進，沒太多耐心再等下去。

能幹的人思考速度大都很快，等三秒就會受不了。當然，能幹的人也會顧慮到其他人的思考速度不夠快，但他們不見得每次都會耐著性子等下去。要是有人提出問題，我們能馬上回答出來，這樣對話的節奏才不會中斷。**因此在聽對方談話時，都要準備好疑問和感想**。其實我的意思不是非得在三秒內回答不可，但通常等聽到問題才思考就太慢了。

我上電視節目時，主持人也會要求我發言，萬一在鏡頭前面沉默三秒，那可就完蛋了，那種樣子不僅看起來很像不知所措的傻蛋，也會讓觀眾們感到不耐煩。

在電視上我習慣一秒內立刻答話，如果等被點到再思考，時間上絕對來不及。我會從整體對話流向來推測主持人可能會問的問題，然後在看影片或聆聽談話的過程中，思考該如何回答那些疑問。

總之，事先做好準備，才能在恰到好處的時機發表評論。

寫筆記也能練習「事前準備功夫」，先思考別人可能會要你發表什麼評論，這些內容在聆聽談話時寫在筆記上就行了。

其他像是參加面試那種場合，最好也是在三秒內回答面試官的問題，保持流暢的對話節奏，面試官才會覺得你的能力高人一等。

開會也是同樣的道理，有本事臨場提出精妙意見或疑問的人，能刺激現場的氣氛，並獲得旁人的高度評價。

用筆記拜師學藝，拓展視野

大學經常舉辦演講，而財經座談會也開得到處都是，全日本充滿數不清的演講活動。我們當然要選擇自己感興趣的活動，不過我建議大家可以多去聽演講。到現場聽演講有一種臨場感，演講者的聲音是有感情、有人性的，彼此還有共處一室的連結感。

如果想要安靜吸收資訊，讀書或許是最恰當的選擇；但要體驗感情波動的話，去現場聽演講會比較好。在演講現場做筆記，會讓你覺得自己的腦和演講者的腦融為一體，這種感覺良好的興奮狀態會持續一段時間。

大約過一個禮拜之後，那種興奮狀態就會緩和下來。不過在完全緩和前閱讀演講者的書，還可以利用殘餘的熱忱來提高吸收力。**同樣一本書，如果你有先見過作者再來閱讀，吸收力絕對特別好**，因為這樣會比較容易接受作者的想法，讀起來毫無罣礙。

使用這樣的方式，暫時成為某個人的支持者也很不錯。不要固定支持某個人，**大約每三個月研究一個新對象的演講或書籍**，研究完了就換人，就好像暫時拜師學藝一樣。

隨著時間流逝，很可能會再次接觸到同一個對象，由於我們已經度過最狂熱的時期，也研究過對方的學說，自己內心大概也有一套想法。拜師學藝的對象愈多，愈能不斷拓展我們的視野。

如果只跟同一個人學習，就會看不到其他人的優點。即使是再優秀的人物，也都有他偏頗的地方，這會害我們的視野變狹隘。至於學習對象，不論是大文豪、哲學家、經營家、運動員都很不錯。

以個人經驗為例，我在不同的季節有不同的學習對象，春天跟尼采學習，冬天則向杜斯妥也夫斯基學習。可以的話，最好同時跟三個人學習，然後每過一個季節就換一個學習對象。

不僅能獲得啟發、改變志向，還能撼動歷史

金恩牧師稱得上是這個方法的實踐者。

他在求學時期曾去聆聽住家附近的演講，當時的演講者是霍華大學校長強森博士（Mordecai Johnson）。強森博士剛去過獨立的印度，慷慨激昂地說出甘地如何率領民眾追求獨立。

甘地追求獨立，卻沒有使用一槍一彈，而是秉持著非暴力、不服從的概念去抗爭。聽完這個故事之後，金恩牧師多年來的疑惑解除了。

基督教有幾條教誨是這樣的，如果有人打你的右臉，就連左臉也轉過來由他打，而且還要愛你的敵人。金恩牧師煩惱的是，這種教誨在一對一的情況下或許有用，但在白人與黑人對立的關係中有其極限。黑人一直受白人欺凌，即使繼續乖乖被打，也無法解決問題。

直到得知甘地的故事後，金恩牧師不再被前述的疑問困擾。甘地使用和

平抗爭追求獨立，這也是一種友愛敵人的行為。

回家路上，金恩牧師購買了與甘地有關的大量書籍，並決定效法甘地的思維和手法。

金恩牧師具體效法的是甘地的「遊行進軍」。甘地曾用和平遊行的方式，對抗英國殖民政府的食鹽專賣制度，該遊行又被稱為「食鹽進軍」，是廣受全世界矚目的抗議行動。

深受甘地啟發的金恩牧師也用使遊行方式抗議種族歧視，最終辦成了超過二十萬人參與、史無前例的大遊行，引起全世界的新聞媒體報導，並感動許許多多的視聽者。

金恩牧師在演講上所獲得的啟發，不但改變了自己原本的志向，也深深撼動了歷史。

因此，**每當受到啟發之後，不妨趁還沒遺忘時趕緊透過閱讀來鞏固記憶，**這是一種很棒的學習方式。

這種學習很適合商務人士使用。因為對學生來說，上課原本是日常生活中的一部分；對老師來說，長期上課也容易變成一種慣性行為。不過在座談會時，講師和聽眾都會抱持「僅此一次」的心態認真參與，所以投入的感情也完全不一樣。

聽完演講後，可以趁著熱忱尚未散去前閱讀演講者的書，或是閱讀演講中提到的某某人物的傳記。

順帶一提，聽演講時使用活頁筆記本做記錄比較好。因為現場可能沒有桌子，把活頁筆記對折就可以當作寫字用的墊子。萬一沒有筆記可用，就算是寫在傳單上也好。總之，沒有記錄演說的精華實在太可惜了。

寫下演講內容和靈感的筆記，不僅是個人的記錄，也是重要的資產。

聽到無聊的演講，該怎麼寫筆記？

有人會問，如果在座談會或演講中上，聽到的內容太無聊怎麼辦？或者，老闆或上司的演說實在很無聊，但是又不得不聽時，到底應該如何是好呢？

如果只覺得他們在講廢話，這樣的想法不僅會降低我們聆聽的意願，還會感到百無聊賴。

呆坐在那邊浪費時間是很可惜的事，這種時候其實有個善用時間的好方法，那就是撰寫「靈感筆記」。

反正內容早已經懂了，筆記分量不必寫太多也沒關係。**只要用一句話歸納總結，剩下的空間盡量寫下自己的經驗或點子**，這個過程總會帶給我們一些靈感啟發。

當然，也有可能演講者所說的話另有深意，只是我們誤以為內容平凡罷了。所以請不要只用一句話做出武斷的結論，而是用前面提過的「河川圖」，試著以三段論法反思演講的內容。

就以前面介紹過松下幸之助的書籍《領導者必先知道的事》為例。

這本書通篇歸納起來，內容不外乎都在說「真切誠懇非常重要」，雖然書中有各種項目，但每一項的內容都大同小異。可是，如果我們更細心地讀下去，將會另有發現。

例如：幸之助先生認為最真切誠懇的人是豐臣秀吉，為什麼呢？因為秀吉順應了當時的道德觀念。那時社會有所謂「不共戴天」的觀念，意思是絕不跟主公或父母的仇敵共存，一定要打倒敵人或是失敗戰死才行。秀吉的主公織田信長是被明智光秀給逼死的，因此秀吉遵從不共戴天的觀念，打敗了明智光秀。

松下幸之助在書中如此說：「遵循當時的道德觀念，遠比考量戰略或戰術更加重要。什麼事情是對的，他就決定去做什麼，至於勝敗後果如何，一切都是多餘的。贏也好，輸也罷，該做的事情就是要做。沒有這種豁達的觀念是幹不成大事的。」

一言以蔽之，真切誠懇遠比戰略與戰術更加重要。但我們要思考一下，該怎麼把這個故事分成三個階段來告訴別人。

一、要幹大事，真切誠懇比戰略與戰術更加重要。

二、豐臣秀吉是極為真切誠懇的人。

三、秀吉的真切誠懇，是遵從「道德和本能」的真切誠懇。

講完故事後，可以再回歸到第一點，告訴人們「要幹大事，真切誠懇比戰略與戰術更加重要」。

大部分的人都是心不在焉地聽演講，但使用這種方式整理演講內容後，你或許會發現有些理所當然的內容，其實蘊含了深厚哲理，而且還具有獨到不凡的見解。

用不同的聆聽方式，也能從平凡的話中找到啟示。

寫下疑問、感想、意見，訓練洞察力

我曾經教一位朋友，如何在聆聽談話的過程中寫下疑問、感想、意見。後來他去聽一場演講的時候，照我所說的用綠筆寫下自己內心的想法，並且用對話框圈起來。

結果他的筆記上寫了一大堆的對話框，內容不外是「這些內容我早知道了」、「我聽過了」等。其實這樣寫也沒什麼不好，代表他的水平已經比演講者更高竿了。

其實如果沒有特別認真聆聽，可能會覺得好像每場演講內容都差不多。

常聽演講的人，到最後多半只會有好不好玩或無不無聊的感想。不過，若是在聽演講時寫筆記，不但會對今天的收穫抱有期待，而且還能保持新鮮的心情去聽演講。

而且當我們養成寫下意見的習慣後，就會了解演講內容有沒有深度。換句話說，做筆記可以培養洞察力。

有些演講時間相當冗長，內容卻十分膚淺，許多重要的話題一概沒有談到；有些演講者講話的節奏太慢，令人感到不耐煩。

真正的問題在於，**演講內容包含多少有意義的話題，這些有意義的話題在整場演講中占了幾成？**

只要邊聽邊寫筆記，大概就能聽出內容好壞了。一旦可以判斷什麼是「有意義的演講」，輪到自己演講時就不會瞎扯一大堆廢話了。

請養成習慣寫下疑問、感想與意見，以此培養洞察力。

參加座談或會議怎麼做筆記，不只是記錄？

某些座談會要求參加者分成小組互相討論，並且請各組在討論後發表意見。這種時候就很需要用筆記法，為不著邊際的議論做歸納與統整。當然，我們除了做記錄外，也要明確表達自身的立場，這一點在公司開會時也是一樣的道理。

具體的做法是，先把參加者的座位畫成圖示。其實空間配置有很大的意義，所以每位與會者在什麼位置，都要明確地畫出來。

接著是記錄每個人的發言，不必逐字逐句記錄大家說了什麼，**只要記錄關鍵字就好**。

鈴木：「應該積極投資。」

佐藤：「現在該保守經營。」

像這樣弄清楚誰講了什麼東西。當你從客觀角度審視這些發言，就會看出關鍵字的相關性了。比方說，佐藤跟田中的意見相似，那麼或許有可行的折衷方案。

由於我們並不是書記或會議記錄者，不需太專心記錄發言，而是把重點放在寫下自己的疑問和意見。在記錄其他人發言時，一併寫下自己心中的想法，然後要清楚自己的立場和提案。

隨著會議進行，你將看出每位與會者的立場是什麼。這些內容要補充在一開始畫的配置圖旁邊。

例如：山田可能持反對意見，鈴木與小川的意見還不明確，那麼只要說服這三個人就沒問題了。

不弄清楚參加者的立場，整場會議就不會有一個明確的結果。萬一與會者中有那種講話冗長又沒意見的人，就有必要透過提問去催促對方發表意見。我們不難發現，講話冗長的人多半喜歡說明一些狀況或背景因素。

使用三色筆做記錄，能幫助我們察覺到對方的談話毫無重點。這時可以

會議記錄這樣寫！

2016.12.22　　A 會議室　　主題「新事業嘗試與否」

❶

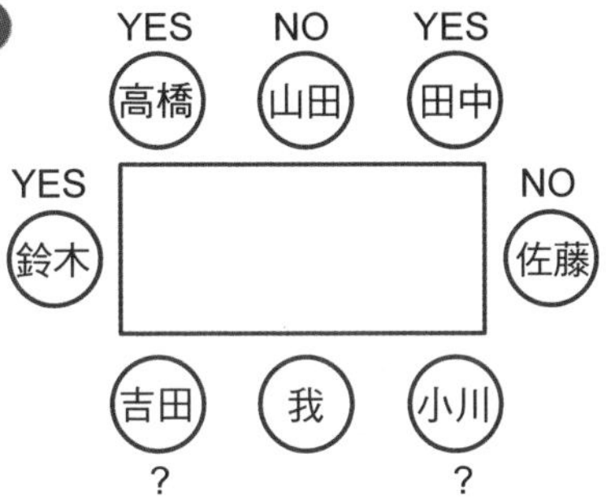

重點

❶ 畫下位置圖
❷ 記錄發言的關鍵字
❸ 記錄疑問
❹ 用對話框寫下自己的感想

❷

(鈴木)「應該積極投資」
(山田)「沒有值得嘗試的領域」
(佐藤)「現在應該保守經營」
(田中)「在有利基的領域活用我們的強項」
(高橋)「壓低成本出售低價商品」
(吉田)「公司需要人才嗎？」
(小川)「先衡量經濟狀況再做打算」

❹ 什麼時候才適合投資？

守舊派？

❸ **疑問**

一、對田中：什麼是有利基的領域？
二、對吉田：人才可以從公司內召募嗎？
三、對鈴木：要花多少預算呢？

問對方有沒有什麼好主意，或是他關注的首要之務是什麼。

為了避免自己也犯下同樣的錯誤，請使用紅筆記錄意見或提案。

讀書高手的密技：把筆記當成「練習講義」

但凡有新的領悟，就是使用筆記的最佳時機。不管是準備大學考試或證照考試，或是處理工作上的問題，**把犯下的錯誤歸納在筆記中，這是筆記最有效的利用方法**。

如果是準備考證照或大學，由於有必要「正確解題」，因此寫參考書練習才是關鍵，一味寫筆記反而很沒有效率。

解完一道題目後也不要想太多，直接看答案就好。建議不要使用那種只有答案的參考書，最好能有詳細的解題過程。看完解說之後，用紅筆把覺得重要的部分圈起來或畫線標示。

等過一段時間再挑戰同一道題目。有些題目之前明明已經看過答案了，但實際挑戰時可能仍寫不出來，這時再對答案，你會發現之前圈的地方並非真正的重點所在，這也代表那道題目對你來說比較困難。

把這些比較困難的題目歸納在筆記裡面，學習效果才會特別好。

背單字也是同樣的道理，簡簡單單就背得起來的單字，不必特地寫在筆記裡。把最難背的單字列成一張清單，先將筆記頁面對折，左邊寫英文單字，右邊寫日文。看完英文後說出日文意義，或是看日文唸英文。

多練習幾次之後，你的反應就會變快，而反應愈快代表記憶愈牢靠。

看到英文後要在兩秒內說出意義，三秒就算不及格，五秒直接算零分，要用這樣的方式練習才行。

這種練習適合用對折的筆記來做，左右兩邊可以互相對照。我上面是以英文舉例，但其他科目也能如法炮製，好比題目寫在左邊，答案寫在右邊，

筆記對折當作練習講義

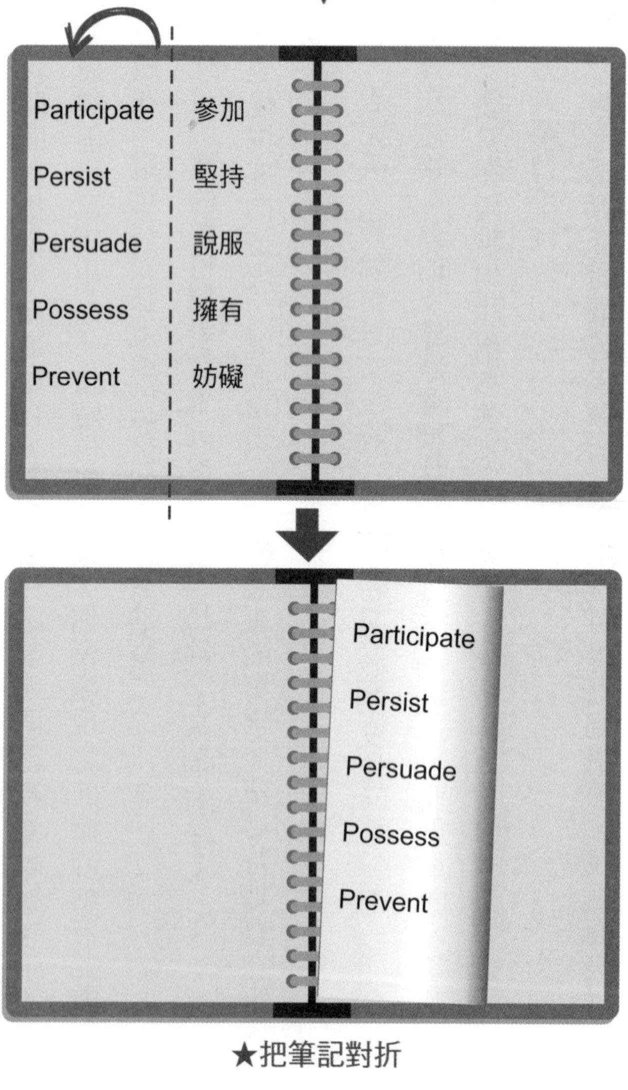

★把筆記對折

這樣就完成一本原創的問答筆記本了。

把筆記當成練習講義，這是讀書高手常用的方法。抄寫教材實在太沒效率，我們應該盡量減少單調的作業時間，保留多一些實際讀書的心力，所以只要列出自己寫錯的題目就好。

記得把題目和答案分兩邊列出來，如果沒這樣做，就無法用遮住答案的方式來進行練習。也不要把已經熟悉的題目和不熟的題目列在一起，以免降低讀書的效率。

總之，**歸納自己不擅長的題目就好**，這是製作練習講義的關鍵所在。

「知錯能改筆記」，收穫重點更多

把寫錯的題目歸納在筆記裡，製作一本「題型與重點筆記」，這也是讀書的訣竅之一。

比方說，解完數學題目對答案時，用紅筆在錯誤的地方寫下正解，然後在自己不懂的部分拉一條箭頭出來，寫下不懂的理由是什麼。用自己的話寫下重點何在是非常重要的，例如：你可以在錯誤的題目下方寫，原本是用什麼方式思考才犯錯的，其實另有一套正確的思考方式等。這個方法嘗試起來並不難，但實際做到的人並不多。

解題之後的作為，遠比解題本身更加重要。我認為解題之後的作為可以分為四個層次。

最下等的層次是「解完後完全不對答案」；「解完後稍微看一下解答，就以為自己已經懂了」，這是稍好一點的層次；較好的層次是對照自己的解答和正確的解答，在筆記裡寫下有缺失的地方；最高層次是用自己的話寫下犯錯的原因，再畫一道箭頭標示重點。

當我們在筆記裡寫下犯錯的原因，就能了解每一種題型的重點。等到歸納出不同題型的應對戰略，這本「題型與重點筆記」就大功告成了。當然，特地把題型和重點挑出來再抄錄一次很麻煩，你可以直接用紅筆或綠筆書寫上去，這樣重新翻過一遍就看得到了。考試前多看幾次筆記，就不會忘記自己容易寫錯的題型了。

題目和解答用影印的方式剪下、貼上，能夠為我們節省不少勞力。建議大家臨機應變，重點是不要在單調的作業上花太多時間。

尤其是解數學題的時候，如果隨便寫在一張紙上，寫完以後就會直接丟掉了，寫在筆記上也差不多，因為解完的題目大概也不會再重看了。不過如果有標示出這些重點，就可以知道自己容易犯錯的地方在哪裡，也會捨不得把它丟掉。

讀書只在意解不解得了題是非常可惜的事情。當我們犯錯的時候，就是筆記派上用場的時候，請大家謹記這一點。

只要製作題型和重點筆記，我們犯下的錯誤愈多，收穫也就愈多，因為

在知錯能改筆記中
寫下犯錯的原因和重點

O月X日	參考書 A 某問題
答案	350 元

╳ 50 元

銷售成本是指
進貨的金額！

○ 150 元╳ 7 個－ 100 元╳ 7 個＝ 350 元

公式

銷售成本
＝進貨成本＋期初商品庫存
－期末商品庫存

這代表我們吸收了大量的題型和考試重點，對本身的成長絕對大有益處。

利用傳話遊戲訓練歸納能力

對商務人士來說，前述的知錯能改筆記也派得上用場。只要能了解自己犯錯的原因為何，就會有改善的眉目了。製作一本失誤原因與重點集，記錄各種問題的應對之道，能讓你的進步速度變快。

而許多失誤的原因常會隱藏在很單純的小細節裡。比方說，「訊息傳遞沒做好」也是容易導致失敗的因素之一。

我曾經在大學課堂上指導學生玩傳話遊戲，訓練傳訊能力。

因為工作上有許多的不順遂，經常都跟「訊息傳遞沒做好」有關。對商務人士來說，訊息傳遞是工作上很重要的事情。

例如：上司叫部下辦事，結果部下沒有辦好，讓上司氣得火冒三丈。這很有可能是因為訊息傳遞失當造成的下場。

我在課堂上讓學生分成三組，每組十個人。第一個人要把我唸完的短文內容告訴下一棒的同學，依序傳到第十個人。

以下是我所唸的文章：「根據經濟合作暨發展組織調查，二〇〇九年日本對教育的公費支出比例，在二十八個國家中位列第二十七名。日本才三點三%，遠低於平均的四點七%。民主黨提出的政策是增加兒童補貼和免除高中學費，但做為一個執政黨，想要改善這個差勁的數字，需要更有效的政策。當務之急是增加包含副教材在內的教科書預算，尤其小學的國語教科書預算太少，教材的分量不足，預算最好增加三倍為宜。」

我很好奇這段文章傳到後來會變成什麼樣子，結果在聽學生的報告時嚇了一大跳。

內容完全變得面目全非了。

傳遞訊息時沒有人會抄筆記的。如果大家在轉述這段文章時有抄筆記，那麼內容一定能確實被傳遞到最後吧！然而在無法抄筆記的情況下，光靠聽力和記憶就完全變樣了。

商場上難免有無法抄筆記或沒紙筆可用的情況。**前面我們已經練習過寫筆記的方法，現在不妨試著把這個行為內化**。換句話說，請試著在腦海中練習做筆記。

剛才的傳話遊戲中提到，「日本對教育的公費支出比例，在二十八個國家中位列第二十七名。」這句話的意思其實是日本對教育的公費支出極少，在二十八個國家中是第二十七名不用記也沒關係，不過在傳達訊息的時候，傳達「倒數第二名」或「支出極少」較為理想。

如果第一個人把日本「倒數第二」傳給下一個人，那麼「倒數第二」這句話就會一直傳到最後一棒了。

「日本對教育的公費支出極少，在各國中是倒數第二名，遠低於平均值。

民主黨雖然做了不少努力，但增加教科書預算才是關鍵。」

用這種方式精簡歸納，重點幾乎都掌握到了。

寫筆記也是同樣的道理。一開始要強記整段文章是件很困難的事情，大多數的人中途就會放棄記錄。以剛才教育公費支出的文章為例，想要一字不差地記下來，根本是不可能的事。我們也不用強迫自己記下每個字句，只要聽重點就夠了。

把重點記在腦海裡，將自己的腦袋化為筆記。

在聽別人講話時，不要只是聽過就算了，而是要歸納出有用的部分和沒用的部分。

如果能把自己的頭腦化為筆記，傳遞訊息就不會忘東忘西了。

大家可以用我在第三章說過的「歸納三大重點」方式來進行練習，這樣就可以成功將腦袋筆記化了。

用筆記化的方式思考
也要歸納出三大重點
根據經濟合作暨發展組織調查，2009 年日本對教育的公費支出比例，在 28 個國家中位列第 27 名。日本才 3.3%，遠低於平均的 4.7%。民主黨提出的政策是增加兒童補貼和免除高中學費，但做為一個執政黨，要改善這個差勁的數字……。
日本2009年的教育公費支出，在28個國家裡面是排第幾呢？
①日本的教育預算太少，名列倒數第二
②民主黨有提出相關的改善政策
③當務之急是增加教科書預算
???
!!!
歸納成三個重點，很容易牢牢記住

第六章

減輕心理負擔的筆記法

用座位圖改善人際關係

由於人際關係會嚴重影響到工作熱忱，因此要提升工作熱忱，先確認人際關係和自己的立場是相當重要的事。

新人在進入公司一個月、三個月、六個月的立場都會有很大的改變。先在筆記上畫出職場座位圖，接著加上人際關係的說明，或是畫一個以自己為中心的人際關係圖，這樣就能看出許多端倪了。

例如：你跟A的關係不錯，就用○來表示；跟B的關係不好不壞，則用△來表示；跟C的關係不佳，用×來表示。

不要用曖昧不清的方式描述人物之間的關係，直接畫成圖，你就會明白自己該處理的課題是什麼了。

可能你覺得跟C的關係一直僵下去也不好，因此決定去找他商量一下問題，像是拿一些工作上的問題去請教意見，讓C覺得你主動前來示好，彼此

把職場人際關係畫成圖，溝通起來會更加圓融

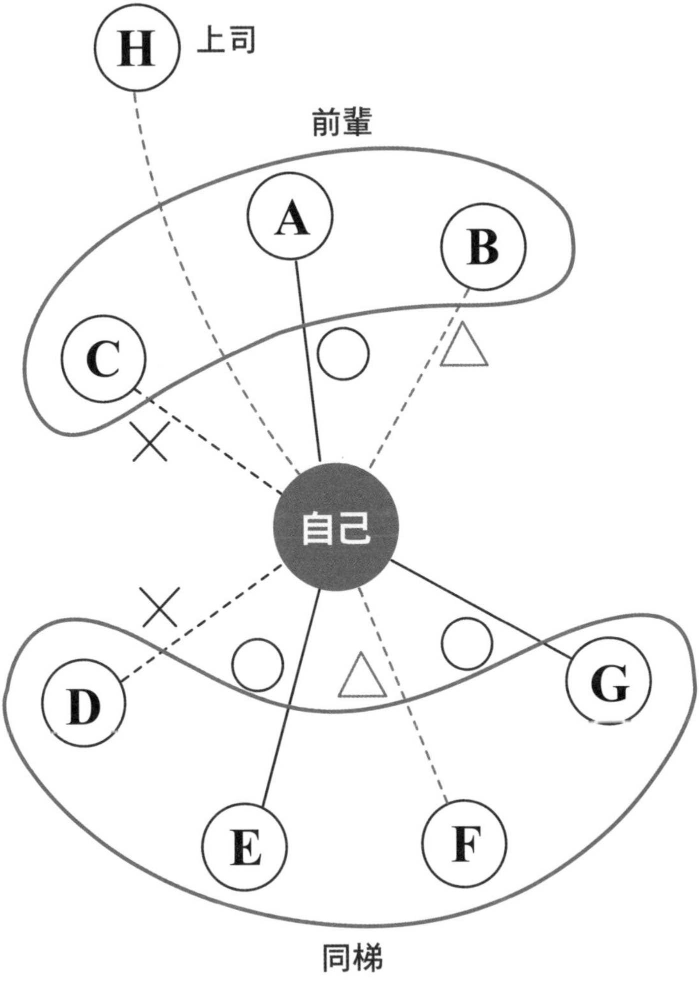

的關係就不會那麼僵了。

或者，你跟D的關係也不太好，即使完全無視對方也沒差。但是話說回來，要一直無視對方，壓力也滿大的。

彼此一直無視對方，其實只是徒增疲勞而已。

那麼，有什麼解決之道呢？

畫出關係圖以後，你會比較能冷靜思考問題癥結。一旦成功解決這些問題，工作熱忱也就不會受到影響了。

「雜務筆記」，讓你積極處理瑣事

大多數的人都不喜歡處理雜務，理由是處理雜務實在太無聊了。我過去也很討厭處理各種繁瑣的雜務。

好比工作的時候，你可能會被上司叫去查詢某位客戶的電話號碼，或是幫忙預約會議室等，大都是一些雞毛蒜皮的小事，心裡實在很想叫上司自己處理……關於這類煩惱，也能透過寫筆記來解決。

因為麻煩所以不想處理，從情感上來說當然可以理解。不過，哪天換你成為上司，自然就更不想處理雜務了，大概也會推給別人吧！面對不得不處理的雜務，不妨寫一本「雜務筆記」。

一旦把該處理的雜務寫在筆記上，我們會發現從薪資與責任多寡來看，其實雜務交給部下去處理也是理所當然的事。

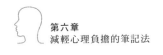

事實上，我也有很多不得不處理的雜務。有些大學生做錯事，我必須盯著他們寫反省的作文，或是打電話勸戒他們。說穿了，我不認為那是大學教授應該處理的工作。

我心裡也常在想，為什麼自己非得照顧那些巨嬰不可？但要是真的跑去跟校方抗議爭吵，反而會引來更多的麻煩。所以，我只好把那些事情當成工作的一部分。

「製作清單」正是愉快處理雜務的訣竅，方法是把該做的事情一條一條地列出來，也許第一條是打電話給某人，後面順便列出電話號碼等。

我會在雜務清單上畫框框，每完成一項就在框框裡打個勾。通常在打勾時會有一種很舒暢的感覺，因為麻煩的工作終於處理完了。在清單上有畫框框，就能刺激你完成那些項目。

我本身習慣用禮拜一來處理雜務。因為我做事情有拖延的壞習慣，經常累積一大堆工作，全部都會在禮拜一處理完。

禮拜一是大家開始工作的日子，就算心裡再怎麼不情願，也會順應氛圍努力工作。把雜務集中在禮拜一或禮拜二都處理完，這樣禮拜三以後心情就輕鬆自在許多。

我在禮拜四或禮拜五根本沒心情處理雜務，忙碌了一個禮拜以後還要處理雜務，那實在是很耗費精神的事。

「明確列出」每項雜務

今天必須處理好的事情
〇月 X 日

- [x] 打給佐佐木先生，電話是……
- [ ] 影印五十份會議資料
- [x] 寫郵件給伊藤先生
- [ ] 提出申請報告
- [ ] 計算交通費
- [x] 預約會議室

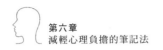

擺脫怨天尤人的心態

不論從事什麼工作都免不了要處理雜務。像我在上課前需要準備課程摘要，得影印兩百多份才行。這類的雜務雖然必要，但影印這件事本身毫無建設性可言。

當我們想做一些有建設性的工作時，遇到雜務纏身會感到很火大。不過若是事先決定好處理雜務的時間，做起來就比較沒有壓力了，反而還會思考有沒有其他該處理的雜務，這就好像在倒資源回收的日子，我們會翻找家中有沒有其他可以回收的物品一樣。使用這種方式做事，也就不會忘記應該做的雜務了。

逐一完成清單上的項目，處理雜務的速度會愈來愈快。處理雜務本身並沒什麼樂趣，通常能愈快處理完愈好，**不妨在旁邊擺放一個碼表，以玩遊戲的感覺來處理雜務也不錯。**

我本身很不擅長處理事務性的工作，有多不擅長呢？我曾經忘記處理大學的入學手續，差點因此沒辦法讀大學（我去辦事處才發現期限已過，趕緊拿著必要文件去郵局寄）。

我有個朋友同樣不喜歡事務工作，想不到某天竟跟我說，他發現自己其實還滿擅長處理雜務的。

「把自己當成機器就好啦！這樣處理速度會變很快。」

「咦，真的假的？」

聽了那位好友的說法，我才知道自己並非不擅長處理雜務。真正的問題在於，我沒辦法進入「機器模式」，而是一直埋怨為什麼自己必須處理這些無聊的工作。

如果能擺脫怨天尤人的心態，轉換一個新的思維去面對雜務，感受也會不太一樣。

總之，不要把雜務當成苦差事就對了。

列出壓力的原因，不再身心俱疲

誠如前面提過的，我在壓力大的時候甚至會詛咒其他人去死，這可能跟我性格不會鑽牛角尖有關，即使壓力再大也不會考慮結束自己的性命。不過我會列出一份壓力清單，分析自己究竟處於什麼樣的狀況。

列出原因以後，我發現自己在處理討厭的繁瑣工作時，就會感受到沉重的壓力，而且變得愈來愈厭世。

於是我開始思考什麼叫「討厭的工作」，發現或許這種想法本身就是一種錯誤。換句話說，全世界的人都在處理討厭的工作，每個人都討厭自己的工作，卻又不得不做。

既然如此，不如停止抱怨，趕快把事情處理完才是最好的辦法。這些麻煩的工作拖得愈久，只會爛得愈來愈嚴重，處理起來更加痛苦。

尤其是拖了好幾個月以後，你本人搞不好都忘光光了，但還有人在等你完成工作，那時他們就會問你：「工作究竟處理得怎麼樣了？」這下子工作爛到沒救了，你就會很討厭那些催逼你完成工作的人。

自從我領悟到這個道理，就懂得善用原地踏步的時間了。過去我一直習慣追求進步，如果被人拖累前進的步伐，心中的壓力就會很大，結果弄得自己身心俱疲。後來，我決定在固定時間處理拖累我進步的「雜務」，畢竟每個人都必須處理討厭的工作。

我不光是決定在禮拜一處理雜務，每天也會抽出一點時間完成雜務，這樣一來壓力就減輕不少了。

把自己當成機器的訣竅，其實就是「列出一張清單」。你只要認為自己是在逐一完成清單上的項目就好，在既定的時間處理雜務，如果能順便用碼表計時就更好了。

寫下擔心的事，問題就解決一半

要提升工作上的產能，最重要的是整理好自己的心情。不過絕大部分的人在生活中，都放任感情或情緒影響自己。

若有什麼擔心的問題，不妨列出一張清單，寫下自己為何不安，找出擾亂內心的原因是什麼。

嚴格來說，人通常是不知道明確的問題所在，才會產生不安的情緒；正因不明白問題所在，所以會被壓力打垮，既然如此，揭穿問題的真相不就得了。把模糊的問題鎖定聚焦，找出問題核心，就會覺得沒什麼大不了。**當我們揭穿真相的那一刻，問題就已經解決一半了。**

列出自己擔心的項目，我們就不難發現煩心的根源是什麼，一舉找出影響到其他事物的罪魁禍首。如果發現是無可奈何的問題，那就封印起來不管它，就像把味道奇臭的東西層層包住一樣。不妨在清單上打個叉，養成一種不去理會它的心情。

沉浸在煩惱的情緒中太久，有時會給其他人添麻煩，別人要聽你抱怨也會累。偶爾抱怨是沒什麼關係，但經常抱怨就要留意了。況且把煩惱說給朋友聽，幾乎都解決不了問題。

舉例來說，你可以先把不想上班的原因逐一列出來，就會知道自己真正討厭的是什麼。接著再寫出可行的方案，例如：A是選擇辭職，B是改善討厭的部分等，以這種圖示化的方法來整理問題。

寫筆記的好處在於可以看得很全面。若只是單純跟朋友訴苦，講過的問題很快就會忘記，沒辦法綜觀全局。

跟朋友談話的時候，請在中間擺一本筆記。然後在談話的過程中，把狀況畫成圖示或逐一列出煩惱的原因。**看著筆記上的內容，也會比較容易想出新的解決方案**。

列出原因對反省也有幫助，人要懂得反省才會成長，反省是一種對自我的反思。當你用筆記回顧自己的行為，就能更上一層樓了。

為什麼跟朋友聊天也要寫筆記？

朋友之間喝茶聊天的時候，很少有人會打開筆記本。二十多年來，我和朋友聊天時都會打開筆記本，並且不能理解為何大家都不寫筆記。如是果女性朋友閒話家常的時候，在中間擺上一本筆記，對於談話會有什麼影響呢？

例如：某人說自己男友拖拖拉拉不肯結婚，因此在考慮要不要分手。這時先在中間放一本筆記，把各種選擇和可能性列出來。

A、分手；B、暫時觀察情況再判斷；C、維持現狀。列出不同的途徑後，再看著這張圖跟朋友商量。

「我想暫時觀察情況再判斷。」

將擔心的事寫在筆記上
有助於減輕壓力

戀愛的煩惱

男友一直不肯結婚

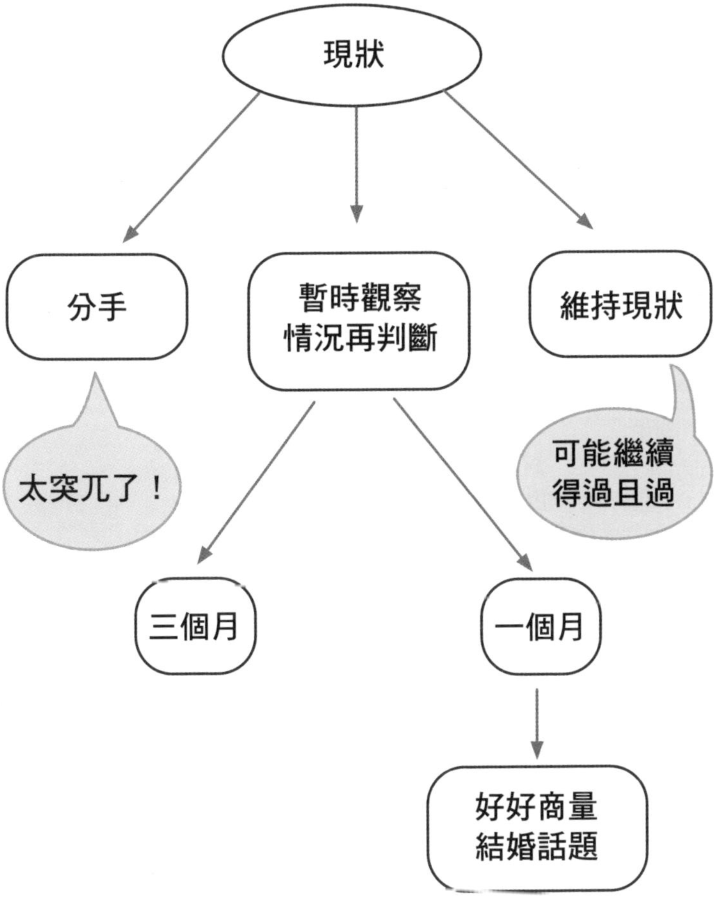

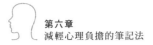

「妳的『暫時』是多久呢？三個月？」

「一個月。」

「那就一個月以後再來判斷嘍！」

像這樣畫成圖，就可以輕鬆面對了，就算不到「輕鬆」的程度，至少也不會自己一個人鑽牛角尖。整理問題是非常重要的事。**訣竅是整理時「不要太嚴肅」，寫下各種吐嘈的意見也不錯**。整理的方式愈放鬆，抱持好的觀念與心態，才愈容易浮現好的靈感。

其實，一個人的幸或不幸，是取決於觀念而非環境。

例如：自己的子女生下來就患有殘疾，這是極為沉重的現實。在旁觀者眼中這可能是一種不幸，但如果家人之間能互相幫助與扶持，相信還是可以感受到幸福的。

從世界史的角度來看，現代日本算是很富庶的國家，但不是每個人都覺得自己很幸福，很多人對生活感到不滿。由此可見，幸福與否是取決於個人觀念，而不是所處環境。

整理心靈、抒發情緒、解決問題……筆記好處多

寫筆記不只在職場上有用，也很合適用來整理心靈。我們可以用寫日記的方式抒發情緒，或是列出讓自己煩惱的原因，用合乎邏輯的方式來整理，就像外科醫生一樣先剖析問題，試著好好整理自己的心情。

我認為整理心情的筆記沒必要跟平常寫的筆記分開，只要寫在自己愛用的筆記上就好。例如：在頁面最上方寫下跟朋友聊天的日期、場所、朋友的姓名，下面再逐條列出煩惱，這樣我們就可以知道，自己在那一天是如何整理問題的。

我們常會忘記自己的情緒，之前用筆記整理過心情，可能現在環境或心境又有變化了，那麼就可以重新整理一次。

當然，**這種整理作業自己就能做，不過跟別人一起做更好**。與人生經驗豐富或頭腦好的人一起寫筆記，你的方案會更加充實。

以前面的結婚議題為例，也許朋友會提供「騎驢找馬」這個方案，也就是一面跟現任交往，一面尋找新的好對象。

當然，騎驢找馬也不是人人都能接受。如果不能接受，那這方案作罷也無所謂。當事人可能只是討厭男友不肯好好考慮結婚之事，那麼不妨就質問男友有無結婚的意願（這時可以在筆記上劃掉「騎驢找馬」這方案，加入「質問男友有無結婚之意」的選項）。像這樣把想法都寫下來，當事人也就知道該怎麼做比較好了。

這樣做就像是跟商量對象一起用遊戲的心態寫筆記。

用前述方法整理問題時，可以為自己的欲望定下優先順序。倘若「繼續跟固定對象交往」和「結婚」之間並沒有劃上等號，那麼當事人可能就會發現自己是想結婚的欲望比較強烈。

如果沒把問題理出一個頭緒，就這樣一直傻傻地煩惱下去，到頭來只會搞錯自己的優先順序，並因此掉入麻煩的深淵之中；若是有寫筆記，就不用擔心這些了。

女性很擅長跟朋友一起整理心事，比較遺憾的是沒有寫筆記，我想可能是與朋友的聊天太過愉快的關係吧！光是看美劇《慾望城市》（*Sex and the City*）就不難發現，女性朋友間的聊天實在很愉快，所以容易聊出一些荒腔走板的結論。

說不定你會覺得聊天還要寫在筆記上，未免有點太掃興了。可是把問題寫在筆記上，確實能帶出改變現實的力量。

讓人像去度假一樣輕鬆

一個人擁抱著萬千思緒是很累的事情，儘管思緒無法衡量重量，但獨力承擔確實是十分沉重的負擔。

禪學中有句話叫「心頭滅卻」，意思是用坐禪的方式訓練自己專注於「當下」。人心難免會受日常生活的瑣事或煩惱影響，不過我們應該認真活在「當下」，既不煩惱未來，也不思考過去。

之前我去南洋島嶼度假一個禮拜，注意到原來心靈也是有重量的。當時我在沙灘上漫無目的地曬著太陽，只感覺到自己「當下就在這個地方」，完全忘了在日本的過去與未來，心靈也因此變得輕鬆又愉快。

我終於知道自己以前浪費了多少心力，整天煩惱那些即使想破頭也無濟於事的問題。

旅行主要有令人煥然一新的作用，能幫我們擺脫負擔。當我們擺脫平日的想法或煩惱，心靈就會像羽毛一樣輕巧；等踏上歸途、回到原本的生活後，又會變得愈來愈沉重。

其實我們不見得要去旅行，寫筆記就有釋放心靈的作用。一本小小的筆記能替代南洋的樂園。

把問題寫在筆記上，就沒必要把它悶在心裡了，你會感覺到自己不需要一直擁抱那些惱人的問題。**雖然寫出來的煩惱不會被遺忘，但暫時將它移動到心靈之外也很有幫助**，能讓人不再消耗多餘的心力去煩憂。

當然，有時「青春期的鬱悶」或「無可宣洩的情緒」確實也是很重要輔助的因素，能夠成為我們的動力來源，但「煩惱」未必是好事。太多人為此勞心傷神，總是在同個地方鑽牛角尖，結果拿不出任何實際作為。

將心中的負面情緒發洩在紙上，就會比較輕鬆自在。雖然寫在一般活頁紙上也沒問題，但我建議最好是寫在筆記本上，尤其剛開始寫的時候有個確切的物品，寫完後心靈會更安定。

筆記本放包包裡是有點重量，不過能讓我們的心靈輕鬆無比。

第七章

激發創意靈感的筆記法

下好標題，就寫得出好靈感

就算是不以企劃或構想為業的人，也同樣需要筆記法。在構思靈感或企劃的時候，不要只是在腦海裡思考，直接寫在紙上會比較好，這樣做就像是把腦子裡的想法搬到紙上。

開會沒事幹的時候，我會在自己面前放一張白紙或打開筆記本。若是明目張膽做一些跟會議無關的事情，很可能破壞整場會議的氣氛，但在筆記上偷偷寫一些跟會議無關的企劃案就沒什麼關係。老實說，我任職的大學經常有一百多人共同開會，有時會討論到跟我無關的話題，這種時刻實在是閒閒沒事可做。

另外，我在看電視或有空閒去咖啡廳的時候，也會打開筆記本。一旦看**到眼前有空白的頁面，腦袋就會自然而然地進入思考企劃的狀態**，因此達到事半功倍的效果。

當我們準備好可以思考企劃的頁面，就會養成思考靈感的習慣。一個養成思考習慣的人，無時無刻都會思考企劃議題，身邊任何東西也都能成為靈感來源，而靈感愈多就愈需要記錄的空白頁面，因此筆記本很適合用來記錄靈感。

具體的記錄方法很簡單，一開始就在頁面最上方寫出標題。

就算是疑問式的標題也無所謂，例如：想思考某個問題，就直接把那個問題當成標題；或是寫下必須好好思考的問題，好比想寫某本書籍，那麼書籍應該取什麼樣的名字；不然用命題式的下標也沒關係，像「時間就是金錢」即是一種命題式的標題。總之，要先下好標題再來思考，然後在那一頁就只寫跟標題有關的靈感。

從事企劃工作的人若想專門寫一本企劃筆記，這也是不錯的方式。但一般來說，只要在平時常用的筆記裡留幾頁企劃專區就夠了。而我們可以先在頁面上寫好標題，一旦找到靈感來源或靈光乍現的時候，就能馬上把想法記錄到筆記中。

使用手冊的空白頁面思考企劃也是不錯的主意，因為我們通常會隨身攜帶手冊，想要記錄靈感隨時都可以拿出來使用，不必再刻意準備一本專門寫企劃的筆記本。

但如果手冊的頁面太小，也不容易構思想法。有一種手冊左邊是行程表，右邊是空白頁面，使用那種類型的手冊也滿好的。

隨時準備二十個主題

「善用間隔」也是寫筆記的一大訣竅，像是勤於換行或換頁，就算頁面上有大量留白也沒關係。我的筆記有很多頁面只寫著標題，然後下面完全空白。這種做法沒什麼好或不好，重點在於預留空間。

事先預留一些空間，當你獲得什麼啟示或靈感的時候，就可以翻回去寫在那一頁上。因此，翻回很前面的頁面寫筆記也是常有的事。

先下好二十個主題，然後寫下相關的靈感或啟示，這樣做就等於同時構思二十個企劃案。當然，不可能所有企劃都順利完成，不過有這麼多的主題，光是在日常生活中就可以獲得各式各樣的啟示。**我們會自動留意、發現符合各種主題的資訊**。

例如：你過去對設計沒有太大的興趣，但二十個主題中剛好有設計類的題材，這時如果去平常光顧的書店，就會主動留意設計類的書籍，並可能會非常訝異，原來書店有那麼多的設計類書籍。只要挑選中意的類型，閱讀與設定主題相關的資訊就好，如此就能發現對企劃有益處的內容。

筆記裡有二十個主題，可以讓我們對很多事物都有所體悟。例如：看電視、跟朋友聊天、外出購物等，從事這些活動的過程中，都有機會發現跟主題有關的啟示。

幾個跟主題有關的啟示經過整理後，歸納出來的內容就是所謂的「構想」了。能夠補強自己企劃的構想自然是愈多愈好，當你的構想符合權威人士的說法，或是跟過去某些熱門商品的構想一模一樣，那麼這樣的構想就具有極高的說服力。

說到對我們企劃最有益處的東西，其實就是書籍了，因為書籍裡有作者長年累積的經驗和要訣。我個人在構思書籍企劃或課程講義的時候，都會用到書籍的知識。

投資書籍時應該要大氣一點，通常一本書只要一、兩千日幣，當然專門書籍可能會更貴。若是省這些小錢，最終吃虧的還是自己；**畢竟書本不是只有資訊及知識，還能幫你打造有建設性的邏輯思維，這才是真正的「投資」**。把省下生活費拿去賭博算不上投資，用來培養能夠賺取更大利益的頭腦，這才是關鍵所在。若能養成從書中獲得啟示的習慣，為自己打造出聰明的腦袋，年收入上升自然是指日可待。

先下好標題，靈感愈寫愈順！

午餐時間的客源

概念

- 有效利用午餐時間
- 提供上班族新的午餐
- 午餐時間過後，讓女性慢慢享用餐點

對象

- 二十至三十九歲的上班族
- 家庭主婦

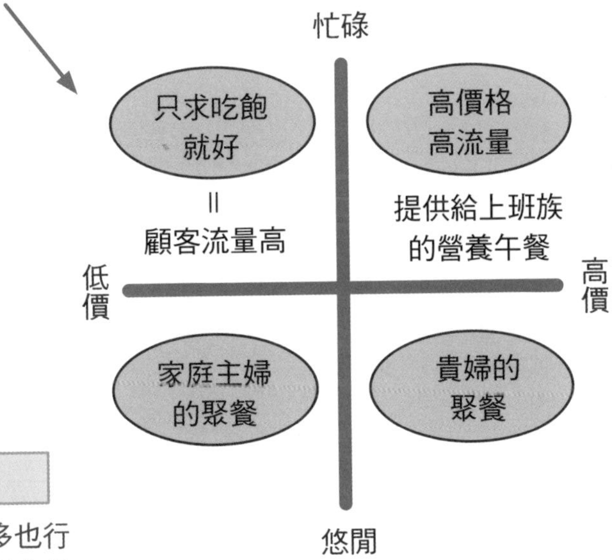

重點

- 人數多也行
- 長時間也行
- 多充實點心

工作內容無聊，寫「構想筆記」變有趣

工作內容無聊的人，最好動手寫企劃或構想筆記。通常在工作中難免會有一些例行公事或重複的地方，很難發揮創意。或者，有時我們可能根本沒有工作可做。

我本身曾經有很長一段時間沒工作，當時的企劃和構想筆記就是我的「自由王國」。反正沒有工作可做，我也無用武之地，所以寫下很多的企劃和構想，其中也包括了很多書籍的企劃案。

在筆記裡盡情揮灑自己的靈感，各種內容都能書寫，這也算是一種精神安定劑。

除了書籍的構想以外，我也曾經企劃過各種活動。法文的「Nouvelle Vague」象徵「新浪潮」的意思，本意是指在一九五〇年代末期的電影革新運動，而那時我也找來三個朋友，讓大家聚集在咖啡廳裡，一起策劃「教育新

浪潮會議」。

我還買了法國導演尚盧・高達（Jean-Luc Godard）等人的書籍來研究，與那些朋友共同討論會議的目標和詳細活動，並且將討論的內容都寫在筆記上。雖然所討論的內容本身沒有真正實施，但將構想寫在筆記上是一件很愉快的事情。

人生有各式各樣的享受方式，不是非得要實踐才有趣，有時光是構思就很有趣了；若是真正去實踐，搞不好會覺得又累又無趣。像我在實踐之前的寫作構想時，也覺得寫作根本是一件苦差事。

把企劃或構想寫在筆記本上，對發洩情緒也有幫助。跟朋友一起愉快談論構想時，不要讓當下的熱忱煙消雲散，那樣實在太可惜了。**把構想寫在筆記上，能幫助你發現自己真正想做或該做的事情**，並將之放在心中。如此，夢想才有實現的一天。

把抱負寫下來，未來派得上用場

有些人也跟我一樣，在沒有工作可做的時候，把自己大量的企劃和構想都寫下來。

作家村松友視在奪得直木賞以後，幾乎是以每月一本的速度推出新作，簡直像在推出月刊一樣。某次採訪村松被問到，為什麼有辦法飛快地推出新作，他說以前自己不紅的時候就累積了好幾箱的作品，如今那些作品終於得以問世了。

導演黑澤明過去曾當過助理導演，在有志難伸的時候，也是規定自己每天要寫劇本。他沒有一天偷懶不寫，據說就連喝醉了也會寫。雖然那些故事沒有每一部都被拍成電影，但寫劇本是一種有效的訓練，對他日後拍電影有很大的幫助。

助理導演沒辦法拍自己想拍的東西，創意靈感無法被好好發揮，心情想必是很鬱悶吧！像這種**有志難伸的不滿和壓抑的熱情**，應該用在「**對未來有益的事物**」上，而書寫正是一個很好的宣洩管道。

職場菜鳥大都想做比較有建設性的工作，同時想像自己當上管理階層後，會有什麼樣的作為和抱負。如果能按照自己的構想做事，那工作起來必定愉快無比。

我的建議是，就算現在還沒當上主管，也請先寫下企劃和構想。這是很有效的宣洩管道，而且等到實際升遷時也派得上用場。

條列式靈感，思考靈活多變

首先，我們必須有夠多的靈感，才想得出真正好的靈感。

不要一直琢磨同一個靈感，這樣反而會拖累你思考的步伐。這就好比參加大考時花太多時間解同一個問題，導致整場考試拿不到好成績。我認為提升單一靈感的素質固然可喜，但首先要講求產量。產量夠高可以讓人擁有不同的觀點，思考才會更加靈活多變。

我上課時會提出某個議題，請學生列出十五項有關的靈感。用條列式的方法書寫，就算一開始只寫得出一項靈感，之後靈感自然會愈來愈多，這是活化大腦的行為。**刻意使用「條列式」的方法，量產靈感就會變成一件令人愉快的事情**。

人類很奇妙，一旦開始條列數字，會很自然地列出下一個數字。例如：列到「十三」之後，會自然會列出「十四」和「十五」，我們要利用這個特性，持續增加自己的靈感清單。

這種「辛苦卻愉快」的狀態對大腦十分有益，因為真正好的靈感其實沒這麼容易想出來，但擁有一顆享受企劃的大腦，會比較容易想出好靈感。通常我們問別人有沒有好靈感時，大部分的人都是低頭不語，因為一般人都覺得思考靈感是很痛苦的事。如果你也是害怕思考靈感的人，不妨先想出一些無聊的靈感，讓自己享受量產的過程。

其實不論思考什麼事情，「條列式」永遠都是一個好方法。

跟朋友聊天也隨時記下靈感

前面提到，當我們知道自己該思考什麼樣的主題，就會注意到日常生活中的各種啟示。不過，這些啟示只能算是「靈感的來源」，蒐集了各種有益的資訊，還是有不足的地方需要加強。

在淬鍊靈感的過程中，與其獨自抱頭苦思，不如找人一起商量，可能比較有大幅度的進展。

詢問其他人意見，請教不一樣的看法，有助於深化我們的思維，搞不好對方還會帶給你觸類旁通的啟示。基於個人體驗所培養出來的知識，在經過討論互相刺激後，會轉化為有文字可循的訣竅。

同理，如果兩個人一起進行條列式的作業，量產靈感這件事也會變得更加容易。

我跟別人單獨談話的時候，也會在中間擺上筆記或紙張。把Ｂ５的筆記直接打開，就變成Ｂ４的大小，然後一起在紙上進行條列式的作業。這樣做就好像讓兩人的大腦在紙上融合一樣，思考步伐會持續前進，而不會有止步不前的情形。光是放一本筆記就有如此神效。

在思考企劃的會議上，最好兩、三個人分成一組，打開筆記條列出各種靈感。如果人數太多，大家七嘴八舌地討論，不僅話題容易失焦，寶貴的靈感也可能找不到發表的時機，或是就在討論的過程中被遺忘。

所以**先是用小組的方式條列出靈感，然後大家再一起來討論**。每個人可以把靈感寫在自己的筆記上，或是在中間擺一本筆記，由某個人擔任書記，這樣也比較好分享意見。小組成員看著筆記內容議論，有必要的時候就直接把談論內容寫下來。

就算是朋友之間的聊天，一旦有趣味的靈感也請馬上記錄下來。大多數人都沒有寫筆記的好習慣，當你讀完這本書以後，在聊天時把靈感記錄下來，你的朋友一定也會很開心的。

筆記不用寫得很工整也沒關係，只要寫下關鍵字並用線條串聯起來就夠了，這本身是一種呈現構思過程企劃的筆記。

前述便是善用筆記的思考習慣。

總而言之，與其憑空思考，不如把思緒列在紙上，再歸納出三大要點。歸納出三大要點，思考方向會更加明確，心情也會更加輕鬆。

請從今天開始嘗試看看吧！

翻轉學　翻轉學系列 002

邊寫邊思考的大腦整理筆記法

養成「書寫→思考→解決」的習慣，增加生產力，強化學習力，紓解壓力，心智升級！

頭のよさはノートで決まる 超速脳内整理術

作　　者　齋藤孝
譯　　者　葉廷昭
封面設計　張天薪
內文排版　洸譜創意設計股份有限公司
行銷企劃　林思廷
出版二部總編輯　林俊安

出 版 者　采實文化事業股份有限公司
業務發行　張世明・林踏欣・林坤蓉・王貞玉
國際版權　劉靜茹
印務採購　曾玉霞・莊玉鳳
會計行政　李韶婉・許俽瑀・張婕莛
法律顧問　第一國際法律事務所　余淑杏律師
電子信箱　acme@acmebook.com.tw
采實官網　www.acmebook.com.tw
采實臉書　www.facebook.com/acmebook01

ISBN　978-957-8950-73-3
定　　價　300 元
初版一刷　2018 年 12 月
劃撥帳號　50148859
劃撥戶名　采實文化事業股份有限公司
　　　　　104 台北市中山區南京東路二段 95 號 9 樓
　　　　　電話：(02)2511-9798　　傳真：(02)2571-3298

國家圖書館出版品預行編目資料

邊寫邊思考的大腦整理筆記法：養成「書寫→思考→解決」的習慣，增加生產力，強化學習力，紓解壓力，心智升級！ / 齋藤孝著 ; 葉廷昭譯 . -- 初版 . – 台北市 : 采實文化 , 2018.12

224 面 ; 14.8 x 21 公分 . -- (翻轉學系列 ; 002)

譯自 : 頭のよさはノートで決まる 超速脳内整理術

ISBN 978-957-8950-73-3 (平裝)

1. 思考 2. 筆記法

176.4

107019268

采實出版集團
ACME PUBLISHING GROUP

翻轉學

翻轉學